THÉOPHILE GAUTIER

LES VACANCES
DU LUNDI

— TABLEAUX DE MONTAGNES —

PARIS
G. CHARPENTIER, ÉDITEUR
13, RUE DE GRENELLE-SAINT-GERMAIN, 13
1881

LES VACANCES
DU LUNDI

OUVRAGES DU MÊME AUTEUR

PUBLIÉS DANS LA BIBLIOTHÈQUE-CHARPENTIER

à 3 fr. 50 chaque volume

POÉSIES COMPLÈTES (1830-1872)	2 vol.
ÉMAUX ET CAMÉES. Édition définitive, ornée d'une eau-forte par J. Jacquemart.	1 vol.
MADEMOISELLE DE MAUPIN.	1 vol.
LE CAPITAINE FRACASSE.	2 vol.
LE ROMAN DE LA MOMIE.	1 vol.
VOYAGE EN RUSSIE.	1 vol.
VOYAGE EN ESPAGNE (Tra los montes).	1 vol.
VOYAGE EN ITALIE.	1 vol.
ROMANS ET CONTES (Avatar. — Jettatura, etc.).	1 vol.
NOUVELLES (La Morte amoureuse. — Fortunio, etc.).	1 vol.
TABLEAUX DE SIÈGE. Paris, 1870-1871.	1 vol.
THÉATRE (Mystère, Comédies et Ballets).	1 vol.
LES JEUNE-FRANCE. *Romans goguenards*, suivis de CONTES HUMORISTIQUES.	1 vol.
CONSTANTINOPLE.	1 vol.
LES GROTESQUES.	1 vol.
LOIN DE PARIS.	1 vol.
PORTRAITS ET SOUVENIRS LITTÉRAIRES.	1 vol.
HISTOIRE DU ROMANTISME, suivie de *Notices romantiques* et d'une étude sur les *Progrès de la Poésie française* (1830-1868). 2ᵉ édition.	1 vol.
PORTRAITS CONTEMPORAINS (Littérateurs. — Peintres. — Sculpteurs. — Artistes dramatiques), avec un Portrait de Théophile Gautier d'après une gravure à l'eau-forte par lui-même, vers 1833. 3ᵉ édition.	1 vol.
L'ORIENT.	2 vol.
FUSAINS ET EAUX-FORTES.	1 vol.
TABLEAUX A LA PLUME.	1 vol.
LES VACANCES DU LUNDI.	1 vol.

Paris. — Imp. Vᵛᵉ P. LAROUSSE et Cⁱᵉ, rue Montparnasse, 19.

LES VACANCES

DU LUNDI

— TABLEAUX DE MONTAGNES —

PAR

THÉOPHILE GAUTIER

PARIS

G. CHARPENTIER, ÉDITEUR

13, RUE DE GRENELLE-SAINT-GERMAIN, 13

—

1881

Tous droits réservés

LES VOSGES

LES VOSGES

I

D'ÉPINAL A PLOMBIÈRES PAR LA VALLÉE DE TENDON

Épinal n'a rien de bien pittoresque. On croirait aisément le contraire en regardant le charmant dessin que M. Bellel en a fait. Cette petite rivière coulant sur les sables d'un lit trop grand pour elle en été, bordée d'arbres élégants, à travers lesquels on aperçoit les maisons de la ville avec leurs hauts murs et leurs toits de tuiles à l'italienne, compose un premier plan dont l'artiste a tiré le meilleur parti. L'arche du pont termine bien la perspective, et le dôme ou, si ce mot est trop ambitieux, le clocheton de l'église en forme avec bonheur le point culminant. Par son imagerie légendaire,

Épinal se rattache d'ailleurs à l'art. Jadis, des Byzantins, plus naïfs que ceux du mont Athos, y plaquaient de rouge, de bleu et de jaune les grossières gravures sur bois représentant la *Madone de Lorette, le Juif errant, Saint Hubert et le Cerf miraculeux, Pyrame et Thisbé, les Quatre Fils Aymon, Geneviève de Brabant*, et autres sujets éternellement populaires. Fasse le ciel que la civilisation n'amène pas la décadence dans cette industrie primitive en la voulant perfectionner! Le *progrès* enlèverait tout caractère à ces images.

D'Épinal à Plombières il y a deux routes : l'une que prennent les voitures publiques emportant les gens pressés, et l'autre où chemine plus volontiers l'artiste amoureux des beautés naturelles. Celle-là suit la vallée de Tendon pour mener à Remiremont, dernière étape de la journée.

En sortant d'Épinal, le pays n'est pas très accidenté. Quelques bouquets d'arbres d'un assez bel effet rompent à propos la monotonie des cultures; mais bientôt le mouvement du terrain s'accentue, et, à partir de la tranchée Docelle, vous apercevez la chaîne des Vosges. Dès lors, le spectacle du paysage devient plein d'intérêt.

Avant d'arriver à Tendon vous traversez le Chenimesnil, et vous commencez à sentir les premières ondulations des hautes montagnes boisées de sapins et de hêtres qu'il vous faut franchir dans toute leur longueur pour arriver à Remiremont.

La route est si belle que le voyage semble une promenade à travers un parc de la plus luxuriante végétation. De fraîches prairies coupées de ruisseaux reposent l'œil par leur vert tendre; un air vif et pur gonfle vos poumons et la solitude vous entoure de ses muettes caresses, solitude qui n'a rien de sauvage, car de loin en loin, au fond de leur jardinet entouré de haies vives, se montrent des habitations, moitié chalet, moitié chaumière, où vous pouvez faire halte, sûr d'un accueil hospitalier.

Aux approches du village de Tendon, le paysage prend du style et de la fierté. Les collines s'y escarpent en montagnes que couronne une riche et puissante verdure. Les roches apparaissent et sont parfois d'une beauté de lignes peu commune dans les Vosges. Elles semblent poser pour le peintre.

Tendon n'a rien de remarquable que les côtes boisées qui l'encadrent. Là, il faut abandonner sa carriole et gravir des pentes assez raides sous une magnifique forêt dont le feuillage vous abrite du soleil, et dont çà et là les éclaircies vous permettent de découvrir la superbe vallée étendue sous vos pieds. La beauté du site vous fait oublier la fatigue et les deux heures de marche nécessaires pour rejoindre le chalet, station ordinaire du voiturin. Là, vous êtes amplement payé de vos peines. Sur le flanc de la montagne, en face de soi, de l'autre côté de la vallée, on voit briller à travers les arbres la nappe argentée d'une cascade; c'est le Tendon qui se précipite du sommet de la montagne, à grand fracas, à travers des roches tapissées de mousse et de lichen, écume, bouillonne et se divise en ruisseaux dont les ramifications vont irriguer plus loin les riches prairies des terrains inférieurs. Toutes ces eaux courent sous un bois épais, touffu, aux rameaux entrelacés cachant le ciel, mais laissant filtrer quelques-uns de ces rayons qui semblent semer des pièces d'or sur l'herbe verte et la terre brune. On y passerait la journée à observer les jeux d'ombre et de lumière, les formes étranges des roches, le jet vigoureux des arbres, tous les accidents d'un site fait à souhait pour les paysagistes, si la nécessité de poursuivre la route et le désir de voir de nouvelles beautés ne vous en arrachaient.

En retournant la tête afin de saisir encore quelque aspect, vous remontez dans votre véhicule et vous vous arrêtez un peu plus loin, au Tholy, chez Georges, un aubergiste, Carême inconnu qui, pour la somme la plus modique, vous sert un repas où l'abondance se joint à la délicatesse. Son ourneau est un autel au dieu Gaster fumant dans la solitude. Heureux le voyageur qui passe par là : il gardera de cette surprise un long ressouvenir, car l'estomac est plus reconnaissant que le cœur, disent les philosophes pessimistes. Nous regrettons de n'être pas Brillat-Savarin pour immortaliser Georges, ce grand homme de bouche !

Tout en savourant cette délicate cuisine, vous pouvez faire aussi déjeuner vos yeux et les régaler d'une vue admirable. Vous découvrez à l'horizon, se dessinant en ondulations bleuâtres, les chaînes de montagnes de Saint-Amé et de Remiremont, dans lesquelles vous allez vous engager, et votre imagination, double plaisir, y vole avant que vos pieds y arrivent.

La seconde partie de la route qui vous amène à votre étape est très pittoresque et très variée. Une couleur pleine de charme s'étend sur les plus belles formes, et le pauvre paysagiste, sollicité par tant d'aspects remarquables, ne sait où planter sa tente. Le syndicat de Saint-Amé surtout a un caractère très particulier : on se croirait au bout du monde, tant l'endroit est calme, solitaire; l'envie nous prend de ne pas aller plus loin et de rester là, oubliant, oublié, dans la paix, l'espace et le silence !

Un peu plus loin vous trouvez le village de Saint-Amé, où vous faites halte pour visiter le saut de la

Cuve, formé par la rivière du Belliard. C'est un site où les touristes iraient en pèlerinage s'il se rencontrait ailleurs qu'en France. La nature, qui sait bien peindre quand elle s'en mêle, a composé dans ce coin perdu un *Salvator Rosa* plus magnifiquement sauvage que pas un de ceux qu'on admire aux galeries. D'un banc de roches anfractueuses, fendillées, plaquées de mousse, de saxifrage, formant comme le mur de soutènement du plateau supérieur, la rivière s'élance après avoir traversé un bois par la brèche qu'elle s'est ouverte et retombe en écume dans le bassin qu'on appelle la Cuve, où elle se tranquillise bientôt et reflète à son miroir transparent et sombre les blocs granitiques entassés sur ses bords et les arbres dont les racines se sont glissées entre leurs masses. Cet endroit a un caractère de grandeur, d'âpreté et de solitude qui le distingue de tous les sites environnants. Ces rochers austères conviendraient à une Thébaïde, ces arbres mystérieux semblent faits pour abriter un anachorète, et l'imagination y place volontiers un saint Jérôme à genoux devant une croix de roseau et se meurtrissant la poitrine d'un caillou; son lion symbolique trouverait là des mousses pour se coucher. Mais, vers le soir, à l'ermite on substituerait avec vraisemblance un brigand accoutré d'une manière farouche et barbare, comme le peintre napolitain en met souvent en embuscade dans ses défilés de montagnes et ses *selve selvaggie*.

Une fois hors de Saint-Amé, vous regagnez la route qui conduit à Remiremont, vous traversez Courcelles, vous longez la Moselotte et bientôt vous rencontrez le Saint-Mont.

Le Saint-Mont, comme le démontre fort bien M. Friry dans son excellent travail sur les Vosges, fut le centre d'une position militaire sous les Romains. De ce point culminant, la vue embrasse tout le vallon de la Moselle; dans la direction du midi se dessinent au loin les cimes des ballons d'Alsace et de Servance, et au fond de la vallée qu'arrose la Moselle, le regard vient se reposer sur Remiremont. De l'autre côté se déploie la forêt de Fossard aux ondulations d'un vert sombre.

Les ruines d'une ancienne église, qui jadis dominait le pays, et la vieille chaussée bâtie par les Romains, pour relier le Saint-Mont à la colline où saint Arnould vint se réfugier dans la solitude et la prière, sont les seuls vestiges intéressants du passé.

Avec le temps et la légende, la chaussée romaine est devenue le pont des Fées. On ne la connaît plus que sous ce nom. C'est un travail d'une construction remarquable, et qu'on aperçoit de loin au bout du défilé qui sépare les deux collines dont il est le trait d'union.

Sur l'emplacement du camp romain, saint Amé et un chef austrasien, nommé Romaric, converti par le saint, vinrent fonder pour eux et leurs disciples un couvent dédié à Dieu, à la Vierge Marie, à saint Pierre et à tous les saints. Au commencement du xie siècle, une invasion des Huns força à se disperser les communautés religieuses qui, depuis deux cents ans déjà, peuplaient le Saint-Mont. Les nonnes se réfugièrent à Remiremont, emportant avec elles le corps de saint Romaric, qui avait été enseveli dans l'église bâtie au sommet de la montagne; les moines cherchèrent des retraites au désert d'Hérival.

Après avoir visité le Saint-Mont vous entrez à Remiremont, en allemand *Reimersberg*, en latin *Avendi Castrum*. La ville est pittoresquement bâtie en amphithéâtre dans l'intervalle que laissent entre elles les pentes de deux montagnes. Remiremont a un aspect tranquille, heureux et calme qui inspire des idées de retraite philosophique au voyageur lassé par la vie turbulente et l'activité sans repos des grandes capitales; treize kilomètres environ de route superbe la séparent de Plombières.

C'est là qu'existait jadis le célèbre chapitre de chanoinesses, chapitre aristocratique s'il en fut, car on n'y admettait que les dames de la plus haute noblesse ; la rigueur était telle sur ce point qu'on fit difficulté de recevoir une fille de France parce qu'elle était alliée aux Médicis. L'orgueil des illustres chanoinesses ne pliait que devant Dieu ; pour lui seul elles étaient humbles.

Louis III, empereur de Germanie, qui comptait la Lorraine parmi ses possessions, avait cédé son palais aux religieuses de Remiremont et accompagné ce présent de dotations considérables. L'ordre devint puissant, et le célèbre chapitre se constitua vers le xe siècle, toujours favorisé par le pouvoir spirituel et le pouvoir temporel. Ce chapitre héraldique servit d'abord d'asile aux filles nobles de Lorraine et d'Allemagne ; plus tard les dames des plus illustres maisons d'Allemagne et de France briguèrent l'honneur d'y être admises, honneur rare et difficile à obtenir. Pour entrer parmi ces servantes de Dieu, il fallait fournir des preuves de noblesse constatant une filiation de près de cinq siècles, en comptant trois générations ou quartiers par siècle, sans mésalliance dans les deux lignes. Ce n'étaient que baronnes, comtesses, princesses appartenant aux plus grands noms et souvent alliées aux maisons souveraines. Les aigles, les lions, les hermines, les fleurs de lis, les tours, les chaînes, les croix, toutes les pièces les plus honorables du blason s'étalaient sur ces armoiries sommées de couronnes ouvertes ou fermées, à feuilles d'ache, à fleurons, à tortil de perles, et la salle du chapitre était comme le centre et le résumé des grandeurs féodales.

Cette règle, dont on ne connaît pas bien l'origine, fut solennellement établie, dès l'année 1384, par le pape Benoît XIII, qui écrivait au chapitre qu'on ne devait recevoir que les dames nées de princes, comtes, ducs et barons, ou d'ancienne race de chevaliers des côtés paternel et maternel.

Déjà, en 1310, le titre de princesse du saint-empire était devenu l'apanage de toutes les abbesses qui se qualifiaient : « N..., par la grâce de Dieu, humble abbesse et souveraine de Remiremont, princesse du saint-empire. » Ces prétentions, longtemps admises, étaient apparemment mal fondées, car un arrêt de la cour souveraine et du parlement de Lorraine du 19 avril 1738 interdit aux abbesses de le porter.

L'abbesse de Remiremont avait, sur la ville et les pays environnants, droit de justice en matière civile, de police et criminelle, droit qui s'exerçait par l'intermédiaire d'un grand prévôt, d'un grand et petit chancelier; mais son plus beau privilège était, à coup sûr, celui de rendre la liberté aux prisonniers. La clef qui ouvre les prisons va mieux aux mains d'une femme que le glaive de la loi. C'était la veille de la fête de saint Barthélemy que s'exerçait en grande pompe ce droit de grâce à la suite d'une procession solennelle. Quand l'abbesse arrivait à la prison, le maire lui en remettait les clefs et on amenait devant elle les malheureux sur qui s'étendait sa clémence; après une admonition sur la nécessité d'un meilleur genre de vie, ils se joignaient à la procession, qu'ils suivaient nu-pieds et entourés de jeunes filles portant des guirlandes.

Plus d'une fois le chapitre de Remiremont eut des démêlés à soutenir avec les ducs de Lorraine, qui ne voyaient pas sans ennui une partie de leurs possessions soustraite à leur autorité immédiate.

De ces détails empruntés au consciencieux travail de M. Friry sur les Vosges, passons à la description pittoresque, qui est de notre ressort.

De toutes ces splendeurs évanouies, il ne reste plus qu'un mur de façade de l'abbaye et de l'église, qui est encore un des monuments les plus remarquables des Vosges.

Le style général de l'église appartient au goût en faveur vers la fin du XVe siècle; du moins c'est l'impression qui résulte de l'ensemble, car des reconstructions partielles, nécessitées par de graves accidents et portant chacune la date de l'époque où elles furent faites, en ont fâcheusement altéré l'unité. Mais le temps, par sa patine et sa fumée, a rendu moins choquants ces remaniements partiels, dont gémit l'antiquaire plus que le peintre; l'église a gardé de la couleur et du caractère.

Aucune catastrophe n'a manqué à ce bel édifice. En 1682, un tremblement de terre, chose rare en nos contrées, ébranla et fendit des pans de murailles, renversa les statues qui ornaient le portail et le pourtour de l'église, et les statues tombées ne furent jamais replacées dans leurs niches. Comme pour achever l'œuvre de destruction, en plein hiver, le 1er janvier 1779, à minuit, la foudre frappa la malheureuse église et y mit le feu. Le portail et la tour souffrirent particulièrement de l'incendie; le dommage fut réparé, mais dans l'affreux goût rocaille de l'époque, ce qui fit dire avec justice que le remède était pire que le mal. D'ailleurs, ce n'est que de nos jours qu'on restaure les monuments en se conformant à leur style, à leur caractère, en remplaçant la pierre tombée par une pareille, l'ornement effacé par un semblable, le chapiteau absent au moyen d'un autre copié d'après celui qui subsiste. Ce travail respectueux et patient eût ennuyé les architectes, infatués de leur mérite et pleins de mépris pour ce qu'ils appelaient la barbarie gothique.

A côté de l'église, la joignant à angle droit,

s'élève le palais abbatial, construit en 1750 par le duc Léopold, sur l'emplacement de l'ancien hôpital et de l'hôtel de l'abbesse. C'est un grand édifice, composé d'une longue suite de bâtiments séparés par des cours spacieuses, peu curieux de détails, mais d'une belle ordonnance et qui sent sa résidence princière.

Autour de Remiremont se trouvent, à des distances plus ou moins grandes, de charmants buts de promenade. Les villages de Saint-Amé, de Saint-Nabord, de Saint-Étienne, de Vagney, dispersés au sein de fraîches vallées, entre des collines dont des arbres d'une riche verdure boisent les pentes, offrent aux touristes le motif des plus agréables excursions. L'on peut aller examiner de près, en descendant du Saint-Mont, les ruines de la chaussée romaine, connues sous le nom de Pont-des-Fées, dont nous avons dit quelques mots en passant, visiter la place où, d'après la légende, s'élevait l'humble ermitage de saint Arnould, puis s'enfoncer dans l'ombreuse forêt de Fossard et y marcher jusqu'à la clairière où, près de la fontaine de Sainte-Sabine, se dressent, au milieu d'un cirque d'arbres, deux grands monolithes en forme de pyramides tronquées : le fardeau de Saint-Christophe et la pierre Kerlinkin.

II

PLOMBIÈRES ET SES ENVIRONS

Plombières, bâtie sur la source même qui la fait vivre, se resserre dans le creux d'une étroite vallée que dominent des montagnes verdoyantes plantées de sapins et de hêtres et semées, çà et là, de blocs erratiques de granit grisâtre détachés de leur gîte primitif et disséminés par quelques-unes de ces convulsions de la nature dont l'histoire n'a pas gardé le souvenir.

Entre ces deux murailles, Plombières ne peut que s'allonger, et ses rues suivent la forme que le terrain leur impose. La principale de ces rues est pavée de dalles, garnie de larges trottoirs et bordée de maisons blanches à deux étages, de l'aspect le plus hospitalier. De légers balcons, rappelant les *miradores* espagnols, s'appliquent aux fenêtres, et leur juxtaposition leur donne l'apparence d'une galerie continue. Cette disposition ne manque ni d'originalité ni d'élégance. A droite et à gauche de la porte des maisons, des bancs tendent les bras à la fatigue ou à la flânerie des malades; car, à Plombières, tout le monde, ou peu s'en faut, est logeur. Sur la chaussée, les âniers, offrant leurs bourriquets, sollicitent à quelque excursion les petits enfants, auxquels les mères ne tardent pas à se joindre. — Deux autres rues, continuant la route de Luxeuil et la route d'Épinal, tracent leur ruban sur la pente de deux montagnes qui encaissent Plombières à une hauteur de trente mètres et permettent d'apercevoir la ville à vol d'oiseau à travers ce dais de légères vapeurs qui le soir s'élèvent des sources thermales. Sous la ville, dans un canal souterrain de construction romaine, court obscurément l'Eaugronne, une sorte de rivière torrentueuse, le plus souvent sans eau, mais assez redoutable dans ses débordements soudains. Cette voûte, bâtie avec la solidité éternelle que les Romains apportaient à leurs constructions, supporte sans fléchir les trois quarts des maisons de Plombières. Dans un curage du canal, fait en 1770, on trouva des médailles de bronze altérées par l'action des eaux, mais où se voyaient encore assez nettement les effigies de Néron, de Vespasien, de Trajan, de Faustine et d'Adrien. Ces bronzes étaient en si grande quantité qu'on les vendait comme vieux cuivre, et qu'un apothicaire peu numismate s'en fit un mortier à piler les drogues; en 1818, de nouvelles trouvailles du même genre furent faites dans des fouilles pratiquées à l'angle nord-est du Bain impérial et ne laissent aucun doute sur l'occupation de Plombières par les Romains, s'il en pouvait rester à la vue du canal de l'Eaugronne et de la grande piscine appelée encore aujourd'hui le Bain romain, qui subsista presque intacte dans son ensemble jusqu'au commencement du xviie siècle. Bien qu'elle ait été entièrement reconstruite, son origine antique ne saurait être contestée. D'après la description détaillée qu'en donne Balduinus Richard de Weissebourg, auteur du xive siècle, qui écrivait sur les antiquités de la Grande Belgique, la grande piscine avait cent mètres de long. Sur ses quatre faces, des degrés descendaient vers le fond pavé de larges dalles, et cinq cents personnes, à l'abri d'un vélarium tendu au-dessus du bassin, pouvaient s'y baigner ensemble et même s'y livrer à l'exercice de la natation.

« Je crois, ajoute le chroniqueur, que c'est œuvre d'ingénieurs romains, qui avaient, pour lors, une façon de bâtir et cimenter fort brave et fort subtile et de durée quasi perpétuelle, comme se voit en leurs hippodromes, arènes et autres édifices. »

Quant à la découverte des eaux thermales elles-mêmes, voici ce que la légende raconte à défaut de l'histoire. La légende, sauf le nom de Labienus, lieutenant de César, est assez plausible. Labienus, en hiver, dans les environs du lieu où les eaux chaudes s'échappent du sol, vit un de ses chiens revenir à lui le corps mouillé et tout fumant. Il s'étonna du phénomène et voulut en connaître la cause; il fit rebrousser chemin à l'animal, qui le conduisit à une source chaude. C'était, prétend-on, la source qui s'appelle aujourd'hui la *Fontaine du Crucifix* et qui s'est longtemps nommée la *Fontaine du Chêne*, disent les uns, *Fontaine du Chien*, disent les autres avec plus de vraisemblance étymologique, ce nous semble.

Excepté le chenal souterrain de l'Eaugronne, l'aqueduc qui conduit encore l'eau au bain romain, les médailles dont nous avons parlé et quelques inscriptions de peu d'importance, on ne trouve à Plombières aucun monument visible de la domination romaine, ni même, à vrai dire, aucune espèce de monument. L'église n'a rien de remarquable; elle va être remplacée par une église nouvelle, de style gothique. La maison la plus architecturale de la ville est celle qu'on nomme la maison des Arcades, bâtie, en 1760, par Mesdames Adelaïde et Victoire de France. Elle a grand air et fait bonne figure avec ses portiques, où les promeneurs trouvent un abri contre les brusques averses. Après avoir servi d'hôtel de ville, la maison des Arcades, qu'on appelle aussi un peu ambitieusement le Palais-Royal, loge maintenant le médecin inspecteur des eaux. L'hôpital remplit bien son office, et la caserne de gendarmerie présente assez heureusement sa façade au soleil. Voilà à peu près tout ce que l'on peut dire de Plombières au point de vue monumental, ce qui ne l'empêche point d'être une ville gaie, heureuse, vivante et d'un séjour charmant. L'aspect de la grande rue, dite rue Royale, a une animation élégante; les fraîches toilettes y abondent, et, sans vouloir suspecter en rien la puissance curative des eaux, leur clientèle comporte autant de gens en bonne santé que de malades. Et lorsque, rassasié du spectacle de la rue, on lève les yeux en haut, on découvre les pentes de deux montagnes parsemées d'arbres, de rochers et de maisonnettes de l'effet le plus pittoresque.

Le bain pris, le verre d'eau thermale absorbé, les baigneurs se dirigent, solitaires ou par caravanes, selon leur goût ou leurs relations, vers les promenades charmantes qui partent de la ville comme d'un centre rayonnant. Les uns, sortant de Plombières par la promenade des Dames, tournent à droite et remontent, le long du ruisseau Saint-Antoine, jusqu'à un bouquet de bois, à l'ombrage duquel se cache une scierie mécanique qui pourrait fournir un motif d'aquarelle; les autres, plus intrépides, bravant les feux du soleil, dépassent le bois et poussent jusqu'au moulin Joli, où l'impératrice Joséphine, qui affectionnait particulièrement Plombières, alla plus d'une fois déjeuner.

Quelques-uns, redoutant la fatigue, se promènent sous les beaux ombrages de Tivoli, près de l'établissement thermal, en fumant en cachette le cigare prohibé par le médecin ou en lisant quelque livre de prédilection.

Le parc Impérial entoure de ses ombrages et de ses pelouses à l'anglaise l'habitation où une pensée auguste vient se reposer de ses fatigues et chercher cette solitude qu'il est difficile aux souverains d'obtenir, car l'empereur Napoléon III aime aussi beaucoup Plombières, et chaque année il y vient passer quelques semaines avec le moins de suite et de luxe possible. Plombières a ressenti les bons effets de cette prédilection impériale, et son état est plus florissant que jamais.

Quoique nous ne fassions qu'un voyage artistique ou plutôt pittoresque, nous dirons cependant un mot des deux petites industries spéciales à Plombières, les fers polis et les dentelles. On exécute en fer toute sorte de menus objets, bijoux, armes en miniature à l'usage des enfants, petits canons, trains d'artillerie d'une délicatesse et d'une perfection rares. Les dentelles offrent souvent des dessins du goût le plus pur qui semblent faits par des doigts de fée. D'où viennent-elles? On ne sait. Les mains des paysannes auxquelles on les attribue sont bien lourdes pour ces travaux d'Arachné. Des colporteurs les apportent aux magasins; ils les ont recueillies, dit-on, dans les chaumières des contrées environnantes; mais il y a lieu de croire que ces merveilles mystérieuses proviennent d'autres sources et que leur rétribution ajoute quelque bien-être ou quelque élégance à de modestes fortunes. Peut-être un bout de dentelle paye un frais chapeau ou une robe neuve.

Quand on passe la saison à Plombières, il ne faut pas manquer de faire une excursion à Mérival et à la vallée des Roches.

En sortant de la ville par la promenade des Dames, l'on prend un petit sentier couvert qu'on rencontre sur la droite au détour que fait la route conduisant à Remiremont. Par ce chemin boisé et bordé de scieries assez pittoresquement situées, l'on gagne le moulin Joli qui fut autrefois la promenade favorite de l'impératrice Joséphine, mais qui aujourd'hui ne mérite ni son nom ni l'honneur d'une telle visite.

L'endroit occupé par ce moulin n'est plus qu'une grande prairie, où s'élève une vulgaire maison d'habitation qui n'appelle pas le crayon du peintre.

Arrivé là, on s'engage, en tournant sur la droite, dans une route ombragée par places d'ormes, de frênes et d'érables magnifiques, et qui mène à la vallée des Roches. Malheureusement, l'ombre épaisse projetée par ces beaux arbres ne vous protège pas toujours; des espaces dénudés traversant de longues prairies vous laissent longtemps exposé aux ardeurs du soleil; mais après cette épreuve on atteint un bois de haute futaie où la route s'enfonce. De chaque côté, des sapins, droits comme des I, forment avec leurs troncs des quinconces de colonnes végétales à travers lesquelles le regard pénètre très avant, tandis que les sombres verdures, se joignant par en haut, forment un couvert impénétrable qui laisse à peine scintiller quelques paillettes d'azur et d'or. On ne saurait imaginer un plus merveilleux *dessous de bois*. La lumière, tamisée par l'entrelacement des branches, y descend mystérieuse, chaude et douce, avec des accidents de rayons, des bonnes fortunes de reflet, des magies de couleur à transporter d'aise un artiste. L'effet est charmant, surtout par une de ces belles matinées d'automne colorées de rose, si favorables à la beauté du paysage.

La forêt dépassée, le sol commence à descendre sensiblement ; vous approchez de la vallée des Roches, et bientôt vous suivez une route circulant à travers des hêtres et des pins gigantesques qui, à votre gauche, vont se perdre dans la nue et, à votre droite, plantés sur un terrain d'une pente rapide, s'en vont rejoindre le fond de la vallée, que l'on ne peut apercevoir, tant le bois est touffu.

Une percée, pratiquée sans doute à dessein, vous permet d'embrasser à vol d'oiseau toute la vallée des Roches et les montagnes couvertes d'arbres et couronnées de dentelures granitiques qui l'encadrent de toutes parts.

Là, il faut faire une pause et, abaissant ses regards vers les profondeurs, tâcher de discerner quelques détails dans ce vaste ensemble. Après quelques minutes de contemplation, on finit par découvrir, au fond de la vallée, à travers les touffes de végétation, les maisons ou les chalets disséminés çà et là, mais si petits qu'ils ressemblent à ceux qu'on rapporte de Suisse dans des boîtes.

Après ce temps d'arrêt l'on se remet en marche ; mais, au lieu de tourner à droite pour suivre le chemin qui conduit au val d'Ajol par la vallée des

Roches, vous allez droit devant vous et vous gagnez Hérival, site plein de calme et de repos, où s'élevait jadis une abbaye que le temps et les hommes, plus destructeurs encore que le temps, ont fait disparaître. Du vieux monastère il ne reste qu'un portail, restauré sous le règne de Louis XIV selon le goût de l'époque et qui n'a rien de remarquable.

Ce site frais, solitaire et sauvage, sert souvent de but de promenade à l'empereur Napoléon III que n'y poursuit pas l'importune curiosité des baigneurs de Plombières.

Sur l'emplacement qu'occupait l'antique abbaye il existe encore un bâtiment assez considérable et transformé en ferme, dont l'aspect abandonné ajoute au pittoresque du lieu. Quelques robustes et superbes noyers jettent leur ombre aux murailles brunies; le houblon, le lierre, la vigne sauvage, festonnant de leurs guirlandes flexibles et gracieuses le tronc et les branches de ces beaux arbres, composent un tableau charmant qui rappelle la *Halte au cabaret* ou la *Fête du village* d'Ostade.

Non loin de ce paysage d'un caractère tout intime et tout flamand, comme pour lui faire contraste, se dresse dans une gorge étroite une belle forêt de sapins et de hêtres fermant le vallon. D'Hérival, à main droite, sur la pente boisée qui domine le val, vous apercevez encore les vestiges de cet ancien couvent abandonné et rebâti au fond de la vallée, dont le souvenir a fait donner à la montagne ce nom « les Vieilles-Abbayes », qu'elle porte encore.

Un ruisseau limpide traverse et arrose le vallon d'Hérival aménagé en riches prairies et va se perdre dans un petit étang ou réservoir servant à faire marcher un joli moulin, modestement abrité du vent et du soleil par d'épaisses touffes d'aunes que dominent quelques sapins.

Quel plaisir de rêver nonchalamment au milieu de ce délicieux paysage, loin des importuns, dans une solitude dont le silence n'est troublé que par le roucoulement des tourterelles et le bourdonnement des abeilles allant picorer leur miel sur les fleurs des prés ! La chaleur vous fatigue-t-elle, la forêt prochaine a des tentes vertes et des lits de mousse émaillés de pervenches, tout préparés pour votre sieste.

Oh ! quelle douce vie on mènerait au sein de cette calme retraite ! On est là si joyeux, si libre, si dégagé du monde, si loin de tout souci ! Il semble que le malheur ne nous trouverait jamais dans cet asile obscur et paisible.

Si l'air vif et balsamique des champs vous a ouvert l'appétit, la ferme voisine vous offrira, avec sa cordialité hospitalière, une frugale collation préférable aux meilleurs repas. Reposé et restauré, vous vous remettrez gaiement en route à pied ou à cheval, selon votre fantaisie, et vous continuerez votre pèlerinage à la vallée des Roches.

Vous laisserez en arrière, après une demi-heure de marche, la scierie placée à votre droite, et vous traverserez un pont rustique en bois, ombragé de hêtres et de sapins dont les branches couvrent, comme un berceau, le petit sentier au bout duquel un poteau indicateur vous enseigne le chemin à prendre pour monter, à travers la forêt, jusqu'à la cascade de Géhart.

Là commence une pittoresque ascension que le nouveau chemin carrossable n'a pas trop dépouillée de son charme sauvage. Au-dessus de votre tête la forêt s'élève à des hauteurs que le regard ne peut déterminer. A vos pieds se creuse le ravin au fond duquel coule le ruisseau alimenté par la cascade.

Toute cette forêt, plantée de sapins, de hêtres et de mélèzes de la plus belle venue, est fort accidentée et d'une couleur magnifique. Les arbres s'y enchevêtrent pittoresquement, et le mélange des essences rompt d'une manière très harmonieuse le ton sombre qu'ont ordinairement les sapinières. Ces verts d'une gamme variée produisent un excellent effet. Les terrains où s'accrochent ces arbres vigoureux sont très mouvementés ; des nappes de mousse veloutée les couvrent par places ; ailleurs, la roche perce et montre ses saillies anguleuses. Plus loin, des lierres terrestres, après avoir rampé sur le sol, rencontrent un tronc qu'ils enlacent et montent en se contournant jusqu'aux branches, où ils suspendent leurs festons ; dans d'autres endroits, de superbes blocs de granit rose et blanc, plaqués de mousses soyeuses et pourprées, gisent mollement sur un lit de bruyère en fleur ; il y a là de quoi ravir le goût le plus exigeant.

Ce chemin gravi, on se trouve en face de la cascade de Géhart, laquelle, il faut l'avouer, n'a rien de bien grandiose. L'été, il lui manque souvent une chose importante pour une cascade, c'est-à-dire de l'eau. De minces filets rayent à peine le roc aride et nu où les nappes bouillonnantes devraient écumer ; mais quoique l'on soit un peu désappointé, le site vous dédommage complètement : si la curiosité n'est pas très remarquable, le chemin qui y mène est une merveille.

Près de la cascade de Géhart, il existait autrefois de gigantesques sapins, les aînés de la solitude, les colosses de la forêt, abattus et exploités depuis qu'on a fait une route permettant d'amener au bas de la montagne les arbres coupés sur les hauteurs. L'industrie joue de ces tours à l'art. Les peintres soupirent, les propriétaires se frottent les mains ; ainsi va le monde. Il en reste cependant encore assez pour que la beauté du site n'en souffre pas.

La cascade est couronnée par le sommet de la montagne et entourée d'une immense forêt, dont les arbres énormes s'accrochent avec leurs racines comme avec des doigts monstrueux aux blocs de granit qui leur servent de base. Lorsqu'un rayon de soleil traverse ces épaisses ramures, effleure les fûts des sapins ou des frênes, dore les mousses, met des diamants aux gouttes d'eau, il se produit des effets à faire la joie et le désespoir de l'artiste.

Pour redescendre dans la vallée, on traverse un pont de bois jeté d'une rive à l'autre du ravin où coule la cascade, et on parcourt un chemin non moins pittoresque que celui par lequel on a gravi la montagne ; puis l'on prend une allée couverte et très ombragée qui ramène à Plombières en passant par le val d'Ajol.

Malgré la longueur de la promenade, malgré les ascensions pénibles à travers les roches sur des pentes abruptes et par des sentiers perdus, vous oubliez les fatigues de cette course au milieu des forêts, tant la beauté des sites, la variété des effets, la richesse de la couleur ont enchanté votre regard, et vous voyez à regret le soleil disparaître derrière la montagne; vous en voulez à la nuit d'abaisser si tôt son voile sur toutes ces merveilles.

Las, mais résolu à revenir, vous quittez enfin la vallée des Roches, non sans jeter un coup d'œil sur deux pierres bizarrement posées à quelque distance l'une de l'autre au sommet de la montagne : la pierre Buzonière et la pierre Tonnerre; vous regardez aussi, par acquit de conscience, sur les hauteurs de la Vêche, une enceinte en pierres sèches qui passe pour avoir été le camp du duc Charles de Lorraine : singulière idée de s'être allé percher là-haut, sur des roches stériles, pour y mourir de faim et de soif.

Ces devoirs de touriste accomplis, l'on redescend dans la vallée, et, après avoir traversé Faymont, gagné le val d'Ajol, où sont établies plusieurs usines servant aux petites industries particulières du pays, et suivi le chemin à pente douce et en spirale qui ramène à Plombières, on s'arrête au sommet de la montée, à la « Feuillée-Nouvelle », lieu de rendez-vous et de promenade des baigneurs.

De ce point l'on *jouit* de ce qu'on appelle vulgairement une belle vue, c'est-à-dire d'une immense étendue déployée à vos pieds comme une carte géographique. C'est vaste, assurément, mais ce n'est pas beau, et l'art ne trouve rien pour lui dans ce vague horizon bleuâtre si fort admiré des Philistins.

Nous lui préférons de beaucoup, pour notre part, la vue du val d'Ajol, prise de la Feuillée-Dorothée ou Ancienne-Feuillée ; de là, l'œil embrasse en droite ligne toute l'étendue de la vallée ; de chaque côté, sur de hauts coteaux boisés, s'étagent des habitations tapissées de lierre et entourées de leurs vergers qui leur donnent un aspect gracieux et charmant. Tout le val se découvre avec son hameau placé au centre et dont le nom est Laitre. Une heure suffit pour s'y rendre, car il n'est séparé de Plombières que par une crête de montagne qui court du nord-est au sud-ouest.

Sur la droite, au couchant, se dessinent les lignes bleuâtres des montagnes appartenant à la Comté et à la Bourgogne. De ce côté s'élève la côte de Saint-Valbert et, plus loin, celle d'Aigremont.

Au fond, par delà le val d'Ajol, on découvre les gorges d'Outremont, les hauteurs de Fraiteux et la ville de Faucogney, qui fut le séjour de saint Colomban, l'apôtre et le convertisseur des Vosges.

A gauche, le regard est borné plus promptement par les replis de montagne dans lesquels se cache la vallée d'Hérival, et sur un plan plus rapproché par la montagne à dentelures de la Vêche.

Après cette course qui a duré toute une longue journée bien courte, on rentre à Plombières, enchanté, affamé, par la promenade de Tivoli.

III

DE REMIREMONT AU COL DU SCHLUCHT

Le voyage de Remiremont au col du Schlucht offre l'intérêt le plus vif pour la beauté et la variété des sites ; il fait connaître les Vosges et donne une juste idée de leur caractère. Le meilleur moyen d'accomplir cette excursion, c'est de prendre une carriole traînée par un cheval dont l'allure paisible permette au touriste de parcourir à pied les portions de route particulièrement pittoresques et de passer par les endroits où une voiture ne saurait pénétrer.

Après avoir longé la Moselotte en laissant derrière soi le Saint-Mont, le petit village de Saint-Amé, où nous avons déjà admiré le saut de la Cuve, l'on commence à découvrir une série d'aspects remarquables qui vont se succédant jusqu'au

Honneck, au pied duquel se trouve le col du Schlucht, terme de l'excursion à travers les Vosges.

Le premier bourg que l'on rencontre est Vagny, bourg important de l'ancien duché de Lorraine, puis on arrive à Sapois. Au delà, sur la droite de la route, à une très courte distance, écume et gronde le saut de Bouchot qui passe pour la plus belle cascade des Vosges, bien que ce titre puisse, à notre avis, lui être disputé par celle de Tendon.

La route suit le fond de la vallée, tantôt bordée de riches prairies, mais plus souvent resserrée entre de hautes montagnes de granit couronnées au sommet par de grands sapins. A partir de Rochenon, elle s'élève jusqu'à Gérardmer, traversant des régions tantôt d'une aridité sauvage, tantôt boisées de la sombre verdure des sapins, mais toujours pittoresques et pleines de caractère.

Quand on est arrivé au plus haut point de la montagne, on voit briller de loin, à travers les éclaircies des sapinières, le lac de Gérardmer bien avant de pouvoir découvrir le pli de la vallée où est bâti le village. Une découpure de montagnes bleuâtres forme le fond du tableau et encadre le miroir du lac, puis, à mesure qu'on approche, la route commence à s'incliner, et bientôt l'on aperçoit Gérardmer et ses habitations disséminées sur les pentes des montagnes.

Quand vous arrivez vers le soir à cet endroit de la route, les fenêtres éclairées, qui trahissent à travers l'ombre les maisons lointaines, scintillent comme des lucioles dans une belle nuit de juin et forment le spectacle le plus enchanteur.

Une fois à Gérardmer, les amateurs du pittoresque trouvent une ample pâture à leur curiosité en visitant le lac, la vallée de Granges et le saut des Cuves.

Entre le saut des Cuves et la vallée de Granges se trouve le vieux pont de la Valogne, où le paysagiste doit s'arrêter et planter sa tente, car, s'il n'est pas inspiré par la beauté exceptionnelle du site, il fera bien de renoncer à son art et d'étudier les mathématiques.

La Valogne, partant du saut des Cuves, court rapidement sous l'ombre épaisse d'une forêt dont les arbres penchés en toutes sortes d'attitudes imprévues inclinent leurs ramures sur ses eaux et vient se briser avec des remous et des écumes contre de sombres roches de granit couvertes de mousses, de pariétaires, de fontinales, qui donnent au site un aspect sinistre et sauvage, fait pour ravir le peintre et le poète.

En remontant le cours de la Valogne, l'on arrive au lac de Longemer, moins vaste que celui de Gérardmer, mais si bien encadré par les splendides paysages de ses rives, qu'il est de beaucoup supérieur à ce dernier. A droite et à gauche s'élèvent de hautes montagnes hérissées de sapins dont les pieds se baignent dans les eaux du lac ; les hêtres gigantesques qui se mêlent à cette sombre verdure en varient heureusement la nuance et produisent de beaux effets de couleur. La perspective du lac est fermée au fond par une haute montagne que souvent, en automne, la neige glace de ses paillons d'argent, et qui est un contrefort du Hohneck. En longeant le lac, l'on parvenait autrefois par une pittoresque vallée au lac de Retournemer. Aujourd'hui, l'on suit une route percée à travers une magnifique forêt et de laquelle on aperçoit les deux lacs ; le plus sage est d'aller par l'une et de revenir par l'autre.

A Retournemer, le lac n'est qu'une réduction des deux lacs de Longemer et de Gérardmer. Il représente la miniature après le tableau ; mais, s'il a peu d'importance comme surface, il n'en a pas moins au point de vue pittoresque ; les montagnes qui le bordent se rapprochent et se resserrent de manière à barrer l'horizon et à faire croire au voyageur qu'il est au bout du monde et de sa course.

Avant de chercher une issue pour sortir de cette impasse apparente, on s'arrête à une maison de garde forestier où vous attendent bon gîte, bon accueil et bonne table, à des prix fabuleusement modestes. L'hôtelier est un brave Marseillais fort amusant; il s'appelle Barthélemy. Les aubergistes à qui les voyageurs doivent de la reconnaissance sont si rares, que ne pas nommer cet excellent homme serait de l'ingratitude.

En quittant Retournemer, on monte à travers la forêt le chemin des Dames, qui conduit au col du Schlucht. Arrivé là, on est bien payé de sa peine, si l'on peut appeler peine une excursion à travers un pays accidenté et charmant. Un immense panorama se déploie à vos yeux. De cette élévation, vous dominez un horizon sévère et grandiose. A la gauche de la route conduisant à la vallée de Munster, s'escarpe une abrupte montagne granitique dont les crêtes se déchiquettent comme les créneaux démantelés d'une forteresse en ruine. D'énormes blocs croulent sur les pentes, et à un endroit un rocher gigantesque obstrue le chemin taillé au flanc de la montagne; il a fallu le percer, et il forme, ainsi évidé, une sorte d'arche de pont ou de porche colossal qui nous a rappelé le fameux défilé de Pan-Corvo, en Espagne, près de Burgos. Au delà de la route, le terrain s'abîme presque à pic vers le fond d'un précipice boisé çà et là de sapins qui, d'en haut, semblent des plaques de mousse. De l'autre côté, de hautes montagnes mamelonnées de sapins d'un vert sombre et cru se relèvent par assises rapides du fond du gouffre et encadrent dans leur ouverture, en forme de V, la vallée de Munster et les plaines de l'Alsace, qui s'abaissent jusqu'aux bords du Rhin.

Par un beau temps, l'on aperçoit au delà du fleuve les montagnes de la forêt Noire, aux ondulations d'un bleu violet, et plus loin encore, à la limite extrême de l'horizon, comme des nuages frappés de soleil, les cimes neigeuses des Alpes.

En redescendant à Retournemer par le chemin des Dames, vous découvrez tout le pays que vous venez de parcourir, et vous avez la vue des deux lacs de Gérardmer et de Longemer. Ce sont là des spectacles beaux pour l'art et la pensée, mais qui, par leur immensité même, se dérobent au pinceau. Quel cadre pourrait enfermer cette succession de montagnes et de terrains se prolongeant à l'infini sous des moires d'ombres et de lumières, et dont la perspective à vol d'oiseau, si l'on parvenait à la rendre exactement, donnerait plutôt l'idée d'une carte topographique que celle d'un tableau fait par un peintre? Ici, l'art doit renoncer franchement à lutter contre la nature; sa défaite serait certaine.

IV

DE RETOURNEMER A SAINT-DIÉ

L'excursion à Retournemer et au col de Schlucht terminée, vous retournez à Gérardmer, et vous vous arrêtez à l'hôtel de la Poste, la meilleure auberge du pays, où le courrier de Remiremont et de Saint-Dié vous prend en passant pour vous conduire à cette dernière ville, but de votre pèlerinage.

En traversant le pont de la Valogne, vous pouvez jeter un dernier regard au saut des Cuves. A partir de là, vous gravissez en une heure à peu près l'élévation de terrain qui sert de rempart à Gérardmer et vous commencez à descendre sensiblement vers Saint-Dié. Cette route n'a rien de bien remarquable, et, pour les touristes habitués aux voyages, elle rentre dans la catégorie des routes ordinaires.

C'est le moment, si l'on est fumeur, d'allumer un cigare, sans crainte de le laisser éteindre pendant ces transports admiratifs que cause un site étrange, inattendu, aux admirateurs de la belle nature. Si vous ne fumez pas et que la chaleur du jour vous fatigue, vous pouvez en toute sécurité vous abandonner à cette somnolence si agréablement bercée par la voiture; vos yeux, déjà blasés par les aspects romantiques que présente la route de Remiremont à Retournemer, n'y perdront pas grand'chose. N'allez pas cependant vous imaginer que le trajet soit ennuyeux : les fonds de hautes montagnes boisées qui ondulent à l'horizon rompent heureusement la monotonie d'un voyage en plaine; bientôt vous parcourez de belles prairies bien irriguées, bien vertes, qu'accidentent quelques usines entourées de beaux arbres, qui composent ce qu'on appelle, en termes de paysagiste, de pittoresques *fabriques*. Aux approches de Saint-Dié, les montagnes, quoique un peu trop arrondies, sont encore assez belles de formes et ne manquent pas de caractère. Toute cette partie de la vallée a du charme.

Saint-Dié est la ville la plus jolie et la mieux bâtie de toutes celles des Vosges. Quelques détails relevés dans les archives sur son origine et ses vicissitudes trouveront naturellement leur place ici.

En 660, Childéric II, devenu roi d'Austrasie,

appela d'Alsace Dieudonné ou Deodatus, ancien évêque de Nevers, en l'engageant à fonder sur ce territoire, nommé primitivement vallée de Galilée, un monastère semblable à celui de Novientum ou Ebersmunster, en Germanie, qu'il gouvernait avec éclat.

Suivant les désirs du prince, Deodatus se dirigea vers sa nouvelle patrie, emmenant avec lui quelques-uns de ses disciples.

L'un d'eux, surpris par la nuit à la descente d'Ormont, une montagne qui domine la vallée de Saint-Dié, fut contraint, dit la légende dont nous reproduisons le style naïf, à se coucher sur un petit mont qu'ils appelaient « les Jointures, » et, abattu par la fatigue, ne tarda pas à s'endormir. Pendant son sommeil, il vit en songe la bienheureuse Mère de Dieu lui ordonnant de construire un monastère à l'endroit même où il reposait.

L'ordre de la sainte Vierge fut religieusement exécuté ; une église s'éleva, dont le maître-autel marquait le lieu même de la vision.

A l'église s'adjoignit un couvent autour duquel se groupa bientôt un village. C'est l'histoire de la formation des villes en cette époque reculée. On logeait d'abord Dieu, puis les serviteurs de Dieu ; les fidèles venaient ensuite.

Le village poussé au pied du monastère prit le

nom de son fondateur, Saint-Dieudonné, que l'usage, avec ses syncopes corruptrices, contracta en Saint-Dié. Ce village devint avec le temps une ville importante.

L'établissement fondé par Deodatus fit en peu d'années éclore, dans son rayon, de nouveaux couvents. Le monastère de Galilée, c'est ainsi que se nommait celui de Deodatus, possédait à lui seul un territoire de sept à huit lieues de long sur cinq de large. C'était beaucoup pour de pauvres moines. Aussi les humbles murs qui les abritaient tombèrent-ils bientôt pour faire place à de hautes et fortes murailles crénelées, capables de défendre les richesses du sanctuaire contre les attaques à main armée, fréquentes en ce siècle barbare.

En 769, Charlemagne fit reconstruire l'église du couvent, placée sous l'invocation de Notre-Dame, restaura le logis des moines et donna Galilée à l'abbaye de Saint-Denis, à la charge d'y entretenir constamment douze ou quinze frères. Disons, pour en finir avec ces détails historiques qu'on ne saurait trop abréger dans un récit purement descriptif, que de 1022 à 1028 la peste et la famine ravagèrent les Vosges, et que les chanoines de Galilée, pour ranimer le courage du pauvre peuple, empruntèrent les reliques de saint Hippolyte au couvent de Moyen-Moutier, dont il existe encore de fort belles ruines. L'espoir d'être guéris ou préservés attira à Saint-Dié un grand nombre de pèlerins; des foires s'y établirent et devinrent le centre d'un commerce assez étendu. De la calamité naquit la fortune : Saint-Dié devint une ville considérable. En 1626, on l'entoura de fortifications dont l'achèvement prit dix années; vers 1284, un château y fut bâti par Isabelle d'Autriche, femme de Ferry IV, duc de Lorraine.

Walterlud, homme d'une vertu éprouvée et d'une science profonde, se dévoua au service de ses concitoyens; il créa des industries utiles. De son époque datent l'exploitation des vastes forêts du pays et le débit des planches de sapin, objet d'un commerce immense.

La prospérité de Saint-Dié eut cependant plus d'une catastrophe à subir. Le 6 juillet 1554, un violent incendie détruisit la ville presque entière; mais elle sortit bientôt de ses cendres et, en 1697, retourna aux ducs de Lorraine. Le feu y prit de nouveau, le 27 juillet 1757, et en moins de quatre heures détruisit cent seize maisons. Stanislas, à qui la Lorraine avait été cédée en échange de la Pologne, et donnée en usufruit, ému de ce malheur, fit reconstruire entièrement la ville sur sa cassette, en sorte que ce désastre fut presque un bonheur pour Saint-Dié, qui se releva de ses ruines plus brillante que jamais.

Saint-Dié conserve encore de nos jours des traces de sa splendeur passée ; sa position est fort agréable et pittoresque. La ville s'étend sur les bords de la Meurthe, au pied de la montagne d'Ormont d'où l'œil embrasse un panorama délicieux. C'est là que, pendant la tourmente révolutionnaire, Delille vint achever sa traduction en vers de l'*Énéide* ; en effet, ce pays charmant, calme, heureux, est favorable à cette rêverie nonchalante, à cette oisiveté méditative du poète cherchant des rimes.

Les environs de Saint-Dié semblent disposés à souhait pour le promeneur et le touriste : ce sont de toutes parts de fraîches vallées couronnées de belles forêts de sapins ; les vallées de la Bolle et de Rougiville offrent des buts d'excursion dont on ne se lasse pas. La richesse de la végétation, l'épaisseur des ombrages, les cascades dont les eaux alimentent les réservoirs et les chutes qui mettent en mouvement les scieries mécaniques pittoresquement construites dans de belles forêts ; tout cela forme un ensemble charmant, où l'on ne trouve pas sans doute le grand caractère des pays montagneux, mais qui retient, attache et séduit par sa poésie agreste, son calme profond et sa solitude sans sauvagerie.

Si le sol est riche extérieurement, il ne l'est pas moins intérieurement. Ses couches recèlent des mines de fer et de cuivre, des carrières de marbre de diverses couleurs ; mais n'empiétons pas sur le domaine de la science et de l'industrie ; l'artiste parcourt la surface de la terre pour y chercher la beauté, l'ingénieur la fouille pour en extraire la richesse ; à chacun sa tâche !

Cette excursion dans la vallée de Saint-Dié termine notre promenade dans les Vosges ; il nous faut reprendre la route de Paris à notre grand regret, car c'est difficilement qu'on s'arrache aux douceurs d'un voyage si pittoresque. Mais la mauvaise saison nous chasse, il faut regagner en toute hâte nos quartiers d'hiver, où pendant de longues et froides soirées nous songerons encore aux beaux sites que nous avons parcourus. Leur souvenir plein de charme nous fera patiemment attendre les premiers beaux jours du printemps où nous reprendrons notre volée à travers ce beau pays de France, que le touriste dédaigne pour courir à l'étranger, à la recherche de ces aspects pittoresques et grandioses dont notre patrie regorge, mais que si peu connaissent.

De Saint-Dié, le courrier vous emporte vers Lunéville, et sur votre route vous rencontrez Raon-l'Étape, petite ville située dans une vallée pittoresque, au pied d'un coteau, sur la rive droite de la Meurthe. Cette ville fut jadis importante, et en 1279 elle fut fortifiée par ordre de Ferry III, qui la jugeait, par sa situation sur la route de Nancy à Schelestadt, un point très important.

Un château s'élevait autrefois sur le coteau qui la domine, château connu sous le nom de Belronan et entièrement en ruine aujourd'hui. Plus loin vous trouverez Baccarat, connu par ses manufactures de cristaux, et quelques heures après vous arriverez enfin, car la route a été longue et peu intéressante, à Lunéville, d'où la voie ferrée vous ramène vers Paris.

1860.

VUES

DE SAVOIE ET DE SUISSE

VUES

DE SAVOIE ET DE SUISSE [1]

Quand on habite les villes ou les plaines, il est facile d'oublier qu'on circule à travers l'insondable espace, emporté par une planète gravitant autour du soleil avec une prodigieuse vitesse. L'épiderme de l'astre a disparu sous l'encombrement des bâtisses et la culture humaine, et il faut un effort d'imagination pour croire que cette terre vue de Mars ou de Vénus prenne sur l'azur noir du ciel l'aspect d'un globe d'or ou d'argent, au reflet du phare central de notre monde. Les données, si précises pourtant, de l'astronomie semblent presque chimériques, et il vous prend des envies de revenir

[1] De MM. Bisson frères.

au système de Ptolémée, qui faisait de notre chétif habitacle le noyau même de l'univers. Les grandes montagnes aident à faire comprendre que la terre est bien réellement un corps céleste suspendu dans l'éther, ayant pris sa figure actuelle après mille révolutions cosmogoniques, une énorme boule de feu qu'enveloppe une mince pellicule solidifiée où peut-être la vie animée n'est qu'un accident temporaire, et l'homme qu'un parasite menacé de disparaître au moindre cataclysme neptunien ou plutonien. Une nutation d'axe, et les océans déplacés submergent la création; une dilatation des gaz, et le ballon crève, répandant ses laves, avec leurs soulèvements et leurs abîmes. Les montagnes, qui ne sont cependant à la peau de la terre que ce que sont les rugosités à l'écorce d'une orange, ont fidèlement conservé l'image du chaos primitif; elles représentent les convulsions figées du globe cherchant sa forme au milieu de son immense atmosphère d'acide carbonique sillonnée d'orages terribles auprès desquels nos typhons et nos cyclones sont des brises printanières. Dans une inaccessible solitude et un éternel silence, leurs pics orgueilleux ont vu les siècles glisser sur leurs flancs comme des avalanches, les civilisations s'enfler et s'évanouir, comme des bulles d'air à la surface de l'eau, sans laisser plus de trace, l'âge de la pierre céder

la place à l'âge du bronze, et celui-ci à l'âge du fer
en attendant l'âge de l'or, qui est probablement le
nôtre; ils n'ont pas varié depuis les temps antéhistoriques, et ils resteront les mêmes jusqu'à ce
qu'un frisson de la planète les bouleverse de nouveau, faisant du gouffre le sommet et du sommet
le gouffre, ou les résorbe à jamais dans son sein
en ignition.

Mais ils sont rares les mortels qui gravissent ces
cimes immaculées, ces pics gigantesques dont la
neige vierge ne porte même pas l'empreinte des
serres de l'aigle; qui respirent cet air raréfié des
altitudes où le son meurt sans écho, où la flamme
grésille haletante, où le sang s'échappe des pores;
qui regardent à travers les hallucinations et les
attirances du vertige les formidables profondeurs
hérissées d'aiguilles étincelantes, de sommets neigeux, de crêtes de glace semblables à l'écume
d'une mer du pôle gelée en l'air, et dévorent de
leurs yeux éblouis ce colossal panorama qu'on ne
peut, sans mourir, contempler plus de quelques
minutes. Aucune description de poète, pas même
le lyrisme de lord Byron dans *Manfred*, ne peut
donner l'idée de ce prodigieux spectacle qui res-
titue à la terre sa beauté d'astre, défiguré par
l'homme. Les couleurs du peintre, si un peintre
montait jusque-là, se glaceraient sur sa palette.

Eh bien! ce que ni l'écrivain ni l'artiste ne sauraient faire, la photographie vient de l'exécuter.

C'était là une rude tâche, et qui même réalisée semble impraticable. Honneur au courage de MM. Bisson, qui l'ont accomplie au prix de dépenses, de fatigues et de dangers excessifs! Nous n'avons pas à les suivre dans leur périlleuse ascension — il en a été rendu compte ici même (1), — nous ne nous occuperons que de cette nature âpre, farouche, inabordable, dont les premiers ils ont rapporté les portraits fidèles.

Les montagnes semblent jusqu'à présent avoir défié l'art. Est-il possible de les encadrer dans un tableau? Nous en doutons, même après les toiles de Calame. Leur dimension dépasse toute échelle; une légère strie au flanc d'une pente, c'est une vallée; ce qui paraît une plaque de mousse brune est une forêt de pins de deux cents pieds de haut; ce léger flocon de brume s'étale en nuage immense. En outre, la verticalité des plans change toutes les notions de perspective dont l'œil a l'habitude. Au lieu de fuir à l'horizon, le paysage alpestre se redresse devant vous, accumulant ses hautes découpures les unes derrière les autres. Ses colorations ne sont pas moins insolites que ses lignes et

(1) Au *Moniteur universel*.

déconcertent la palette. Elles sortent de la gamme terrestre et prennent des irisations prismatiques. Ce sont des tons d'améthyste et de saphir, des verts d'aigue-marine, des blancs d'argent et de perle, des roses d'une fraîcheur idéale qui contrastent avec des bruns sombres, des verts veloutés, des noirs profonds et violents, toute une série d'effets irréductibles aux moyens de l'homme. L'art, selon nous, ne monte pas plus haut que la végétation. Il s'arrête où la dernière plante meurt en frissonnant. Au delà, c'est l'inaccessible, l'éternel, l'infini, le domaine de Dieu. Pour l'artiste, il ne peut que faire entrevoir, dernier et sublime plan, la silhouette glacée d'argent d'une montagne dans les fumées bleues du lointain, et c'est précisément là ce qui rend si précieuses les belles épreuves photographiques de MM. Bisson. Bien qu'elles soient admirables, nous ne nous arrêterons pas aux épreuves qui sont prises d'endroits accessibles et présentent des aspects familiers aux regards, ne laissant voir les montagnes qu'au second ou troisième plan, adoucies par l'éloignement et l'air interposé, noyées de vapeur ou fantasquement illuminées d'un rayon. Certes, rien n'est pittoresque comme ces grands sapins étirant leurs bras, ces chalets aux toits surplombant, ces vallées où miroitent des torrents à travers des lits bouleversés comme des carrières, ces lacs qui endorment le reflet de leurs bords dans leurs coupes d'émeraude ou de lapis, ces roches que côtoie un sentier rapide, ces pentes gazonnées que broutent des vaches agiles comme des chamois; mais tout cela, c'est encore la terre telle que nous la connaissons : la vraie physionomie planétaire n'apparaît pas nettement.

Voici la petite troupe qui part des Grands-Mulets pour faire tenter à la photographie l'ascension du mont Blanc. Pour le coup, nous avons dépassé la zone humaine; la végétation a disparu; plus de trace de vie, rien que de la neige bizarrement bossuée et dont çà et là quelques roches sombres percent le blanc linceul comme une échine maigre troue le manteau qui la couvre. Comparer à des fourmis en marche les hommes de la caravane conduite par Auguste Balmat serait une similitude assurément trop grandiose. Quelle solitude, quel silence, quelle désolation! et par-dessus cela un vide opaque et noir fait de nuages qui rampent au lieu de flotter. Un peu plus haut, la rencontre des glaciers des Bossons et du Taconay produit un épouvantable chaos. Figurez-vous des courants d'une débâcle polaire, arrêtés par quelque obstacle invincible; les glaces s'amoncellent, rejaillissent les unes par-dessus les autres en blocs, en prismes, en polyèdres, en cristaux de toutes les formes imaginables; les érosions, les fissures, les fontes partielles écornent, divisent, déforment le tumultueux entassement dont les déhiscences semblent découvrir l'ossuaire des créations primitives. Dans cette fente large et profonde comme un gouffre se hissent les intrépides explorateurs avec des contorsions et des écartèlements de gymnastes, s'accrochant aux saillies, enjambant les crevasses, faisant des crampons de leurs ongles, s'arc-boutant de leurs bâtons ferrés, effrayants à voir quoique à peine perceptibles, car l'immensité du tableau dévore les figures, comme si la solitude de la montagne ne voulait pas être violée. Cette vaste photographie, où vingt personnages ne s'aperçoivent pas, n'est qu'un pli de cette mer immobile, plus accidentée et plus houleuse que l'Océan dans ses fureurs. On la voit se continuer par delà le cadre de la planche sous son écume de neige. Cela donne tout à fait l'impression qu'on éprouve en observant la lune au télescope, lorsque l'ombre tombant de ses montagnes en dessine les anfractuosités sur le fond d'argent de son disque ébauché à demi. L'ébullition cosmique refroidie depuis longtemps s'y lit en caractères irrécusables. Les formes brusques, déchiquetées, violentes, y portent la trace des révolutions antérieures; ce ne sont que cratères, soulèvements, abîmes, ruines, déchirures; c'est la peau rugueuse de l'astre, l'épiderme même de la planète.

Une épreuve bien étrange encore est celle qui représente le col du Géant. Sur un plateau dont les bords se relèvent s'étend en couche épaisse la neige éternelle, ayant pour fond un ciel presque noir; des dépressions qui se suivent comme des pas simulent des traces de pied plus grandes encore que celle du pied d'Adam dans l'île de Serendib qui, dit-on, mesurait neuf coudées. Il semble qu'un des fils monstrueux de Ghé, un de ces Titans qui déracinaient les montagnes pour les lancer contre Jupiter, vient de passer là moulant dans la neige l'empreinte de ses plantes de pied colossales. Rien ne fait plus rêver à une race gigantesque disparue que ces apparences de pas. Au fond, une aiguille bizarrement recourbée ressemble à la corne d'un rhinocéros enfoui par une avalanche depuis des milliers de siècles.

Voici un fragment, une vague de la mer de glace, avec ses déchiquetures, ses cristallisations, ses milliards de prismes contrariés, travail immense que s'est donné la nature d'allier le détail infinitésimal à l'ensemble énorme et chaotique. Les pics des Charmoz, coupés de bancs de nuages, ferment cet étrange tableau.

Malgré tous les obstacles qu'il a entassés autour de lui, le mont Blanc n'a pu échapper à l'opiniâtre recherche de la science. Nous le tenons, farouche et seul, emprisonné dans le cadre étroit d'une planche photographique. La neige, ne trouvant même plus pour se poser la mousse intrépide, ce pionnier de la végétation, glisse sur le roc nu et se loge avec peine dans les anfractuosités devenues rares, car on dirait que, las de lutter contre la pression du vide, le géant s'est affaissé sur lui-même ; une surface relativement plane s'étale au sommet du mont Blanc.

Les montagnes du Valais et la chaîne du mont Rose, qui servent de transition entre la Savoie et la Suisse allemande, ne présentent pas le même aspect majestueux que celles du mont Blanc : elles sont plus tapageuses, plus bruyantes à l'œil, mais elles n'ont pas l'énergie indomptable de leur chef. Aussi, dans cette série de leurs planches, MM. Bisson ont-ils pu donner plus de place à l'homme que dans la précédente ; la montagne, moins inhospitalière, le tolère sur ses flancs, et, au bas de l'épreuve qui représente l'aiguille du Certain, on voit se presser dans une étroite vallée le petit village de Zermatt.

Mont Rose offre une physionomie absolument lunaire ; on y retrouve les formes arrondies, les trous circulaires qui caractérisent les accidents de notre satellite.

Nous avons essayé, dans ce rapide examen, de rendre l'impression produite par l'œuvre de MM. Bisson, qui serait digne d'illustrer le *Cosmos* de Humboldt ou quelque traité de géologie. Pour terminer, nous ne pouvons que remercier les courageux photographes d'avoir fourni à la science et à l'art de nouveaux éléments et de nouvelles images.

1862.

LA FÊTE DES VIGNERONS

A VEVEY

LA FÊTE DES VIGNERONS

A VEVEY

I

La *Fête des vignerons de Vevey*, pour laquelle on avait fait *un service*, comme on dit en style de presse, mérite vraiment qu'on se dérange; c'est un spectacle bien rare dans les mœurs actuelles et qui donne l'idée de ce que pouvaient être les fêtes antiques, les thesmophories, les panathénées et autres cérémonies exécutées en plein air. Vevey est une charmante ville qui a pour miroir ce limpide azur du Léman; elle a donc un débarcadère et une station. On y arrive par le bateau à vapeur et par le chemin de fer. Cela est bien suffisant en temps normal; mais cette fois un troisième mode de locomotion, s'il existe, n'eût pas été de trop. Quel dommage que *plus lourd que l'air* de Nadar soit encore à l'état de desideratum! On aurait vu des essaims d'aéroscaphes se diriger et s'abattre sur Vevey de tous les points du ciel. C'est une chose toute moderne que ces migrations soudaines de plusieurs villes vers un point où une grande attraction appelle les curieux et qui déconcerte les moyens de transport si énergiques cependant que peuvent fournir à un moment donné les administrations de chemins de fer. Ainsi dans ce trajet de Genève à Vevey le convoi, à chaque station, emportait un village, un bourg, une ville et les laissait déserts; à la fin cela formait un peuple, capable de coloniser un monde nouveau.

Une providence amicale nous avait fait retenir une chambre à l'hôtel du Cygne, à Bernex, un peu au delà de Vevey, car pour Vevey même il n'y fallait pas songer, mais il était facile de se rendre de cet endroit au lieu de la fête dans une de ces calèches qui vous tendent les brancards sous les remises de toutes les auberges suisses. Dès cinq heures nous étions en route, car l'heure indiquée pour le commencement du spectacle était fort matinale, dans l'idée d'éviter les rayons trop chauds du soleil. Précaution inutile! le soleil ne se montra pas, et, malgré les promesses menteuses du baromètre, des nuages grisâtres couvraient le ciel laissant déjà filtrer quelques fines gouttelettes.

Nous arrivâmes bientôt à Vevey, dont les rues présentaient un aspect gai et pittoresque. Le drapeau helvétique : *de gueules, à la croix d'argent*, flottait aux fenêtres, accompagné des bannières des cantons, avec leurs blasons et leurs couleurs d'une variété charmante ; des guirlandes en branches de sapin dont le vert sombre était égayé par de grandes fleurs en papier rose, jaune, bleu, couraient en festons à chaque étage des façades, et dans les rues de larges bandes de sable traçaient l'itinéraire du cortège. Ce sable matinal devait fournir une pâte épaisse à la boue du soir.

La cérémonie devait avoir lieu sur la grande place, autour de laquelle on avait élevé trois gigantesques estrades solidement construites et pouvant contenir dix mille cinq cents spectateurs, sans compter ceux qui s'étaient juchés sur les toits des maisons, d'une hauteur à dominer la place. Le côté libre de l'arène était occupé par trois portes monumentales, ou plutôt par trois arcs de triomphe, devant donner passage aux divers cortèges. La plus grande porte, celle du milieu, décorée de feuillages, de drapeaux, de blasons, de figures allégoriques, d'emblèmes d'agriculture, portait dans son tympan une statue de la Liberté avec cette devise : *Liberté, Patrie*. Des écussons, contenant le chiffre de la ville de Vevey, *mi-parti d'or et d'azur au V de l'un en l'autre*, achevaient cette ornementation appliquée sur une architecture d'un gothique confinant à la Renaissance. Une inscription indiquait que cette porte était celle de Bacchus. Les deux autres arcs, de plus petite dimension, répétaient la décoration du premier, qu'ils accompagnaient et soutenaient. L'arc de gauche était consacré à Palès, celui de droite à Cérès, nourricière des hommes.

Une montagne boisée de verdure sombre, où l'éloignement mêlait des tons violets, servait de fond, avec un bonheur rare, à ces arcs de triomphe, d'une coloration lumineuse et vive. La nature s'était arrangée d'elle-même un décor d'opéra, et la toile qu'elle avait peinte valait bien un rideau de Despléchin ou de Cambon, chose que les Parisiens auront peine à croire, et qui pourtant est vraie. Des nuages de mauvais augure flottaient vers la cime de la montagne comme des bandes d'ouate effrangée, et s'ils étaient désagréables comme menace météorologique, il n'y avait rien à leur dire sous le rapport pittoresque.

Le bas des estrades, masqué de draperies rouges ornées des armoiries des cantons et des villes, délimitait la place réservée aux évolutions des chœurs, des corps de ballet, des bandes de musique, des chars et des cortèges. Cet espace mesurait deux cent cinquante pieds de profondeur et deux cents de largeur, espace nécessaire pour les manœuvres de douze cents figurants et d'un nombre considérable de bœufs, de chevaux et autres bêtes.

Quand, assis dans notre fauteuil au rang des invités, c'est-à-dire à la première file, nous promenâmes notre regard sur ce vaste ensemble, nous eûmes la sensation d'être en Espagne, à la *barrera* d'une place de taureaux, et nous nous attendions presque à voir sortir l'étincelante *cuadrilla* des *toreros* par un des arcs si bien disposés pour donner passage à des cortèges. Les beuglements des grands bœufs ennuyés et se tracassant sous le joug prêtaient d'ailleurs à l'illusion. Pourtant il ne s'agissait pas d'une fête sanglante, mais d'une fête pacifique dans cette vaste arène où Cucharès, Sanz, El Gordito et Mendivil eussent fait merveille.

Devant nous, sur une plate-forme en manière de tribunal, étaient assis les membres de la confrérie des vignerons en habits verts, en pantalons blancs, coiffés de chapeaux de paille ornés de pampres et de raisins. À droite et à gauche, un corps de Suisses en ancien costume rayé de rouge et de blanc, la toque à créneaux posée sur une barrette rouge, hérissés de barbes farouches, les unes postiches, les autres naturelles, se tenait dans des poses cambrées et truculentes, rappelant ces lansquenets qu'on voit sur les vitraux et les vidrecomes. Nous leur trouvions l'air admirablement suisse, et nous félicitions en nous-mêmes ces braves figurants de leur exactitude en matière de couleur locale. Mais cette réflexion nous vint que cela tenait à ce qu'ils étaient effectivement des Suisses.

Les nuages qui nageaient tout à l'heure sur le flanc des montagnes comme de grands poissons nonchalants s'étaient rapprochés et commençaient à se résoudre en bruine d'abord, en pluie fine ensuite, puis en pluie sérieuse. Un parapluie s'ouvrit d'abord timidement, imité par un second, un troisième, et bientôt les trois estrades offrirent à l'œil un spectacle bizarre. Vous avez sans doute vu dans quelque vieille histoire romaine illustrée, des vignettes sur bois représentant des soldats montant à l'assaut d'une forteresse en faisant *la tortue*, avec leurs boucliers levés au-dessus de leurs casques et rapprochés les uns des autres ? Les parapluies des estrades rappelaient exactement cette figure de stratégie. Mais l'eau, filant à travers les interstices, formait sournoisement sous les pieds des spectateurs une cascade qui tombait de marche en marche comme celle de Saint-Cloud.

Il y eut alors un mouvement d'anxiété et d'incertitude. La fête aurait-elle lieu, malgré ce temps qui, après des semaines de soleil inutilement splendide, prenait les allures d'une vilaine journée d'automne ? Voyant que les spectateurs ne bougeaient pas, sauf quelques timides craignant les coryzas ou les dégâts d'une toilette trop élégante pour la température, les ordonnateurs donnèrent le signal. Les musiques commencèrent à jouer : la musique de Palès, costume blanc et bleu avec casque d'argent; la musique de Cérès, blanc et rouge; la musique de Bacchus revêtue de casaques vertes, coiffée de casques à ailerons d'or, chaussée de cothurnes à franges, en maillots figurant une peau basanée; et aussi la musique des Suisses anciens et modernes : tout cela troussé le plus galamment du monde. Les suivants de Palès, portant la livrée de leur dieu, entrèrent dans la place par l'arc qui leur était réservé, et le grand prêtre, en magnifique costume sacerdotal, ayant derrière lui deux acolytes qui lui tenaient le bord de son grand manteau bleu, et un peu plus loin des enfants portant des corbeilles pleines de fleurs, et des autels dorés couverts d'offrandes propitiatoires, s'avança vers l'estrade d'un pas solennel, rythmé et majestueux. Le grand prêtre de Cérès accomplit la même cérémonie, et le grand prêtre de Bacchus vint se joindre aux deux premiers. Les chars des trois divinités s'étaient arrêtés sous la voûte de leurs arcs respectifs, qui les encadraient et formaient des tableaux superbes avec leurs figurants étagés. On ne saurait imaginer une mise en scène plus grandiosement pittoresque.

Les trois grands prêtres et les chœurs exécutèrent un *Salut à la patrie* d'une harmonie grave et religieuse qui produisit un immense effet. Disons avant d'aller plus loin que toute la musique de cette fête, qui est à la fois un grand opéra et un ballet *sub Jove crudo*, a été composée par M. Grast, un homme d'un talent remarquable, et dirigée pour l'exécution par M. Plumhof, qui s'est montré très habile chef d'orchestre et de chant. Les vers des cantates, des chœurs et des entrées sont dus à divers poètes de la Suisse romande, appelés par le comité à concourir à l'œuvre nationale, et nous devons dire qu'ils valent pour le moins *les paroles* de nos grands faiseurs. Nous avons même distingué çà et là des strophes charmantes qui n'auraient pas eu besoin du secours de la musique pour faire un vrai plaisir. La liaison entre ces morceaux, nécessairement un peu disparates, a été établie avec beaucoup de goût et d'adresse par M. Mulhaüser, *poète officiel*. C'est un luxe intelligent pour une ville que d'avoir son poète. Nous ne connaissons qu'Alfred Tennyson, poète lauréat d'Angleterre et qui a fait, vu sa charge, la cantate d'ouverture de l'Exposition universelle à Londres, qui puisse appeler *mon confrère* le poète de Vevey.

Les entrées, les divertissements, les ballets, les marches font beaucoup d'honneur à M. Archinard, qui a tiré un parti extraordinaire des éléments mis à sa disposition. Parmi ce nombre énorme de figurants qu'il a fait manœuvrer avec une aisance magistrale, et qu'il a groupés en tableaux charmants, il faut se dire qu'il n'y avait aucun danseur de profession, aucun acteur, aucune personne ayant appartenu de loin ou de près au théâtre. C'étaient des vignerons, des vigneronnes, des paysans, des ouvriers, des industriels, des gens de la campagne et de la ville, et l'on ne sait pas comment M. Archinard a pu obtenir un tel ensemble, une telle justesse, une telle verve d'exécution de gens qui ignoraient il y a six semaines les premiers éléments de la chorégraphie. Donnons aussi les éloges qu'il mérite à M. Lacaze, le dessinateur des costumes; il fallait les faire simples, peu coûteux, faciles à tailler, et cependant pittoresques et caractéristiques. On ne saurait mieux réussir. M. Tavernay et M. Burnat, l'architecte et le directeur des décors, ont fait merveille. Les arcs de triomphe, les chars, les accessoires, les estrades étaient ornés avec un goût parfait.

Ces justices rendues, reprenons notre récit. Après le discours de M. Louis Bonjour, abbé de la confrérie, vêtu de violet et armé du bâton à crosse d'or, insigne de sa dignité, l'on a distribué les couronnes, distinctions et récompenses aux vignerons méritants ; la cérémonie a suivi son cours à travers des intermittences de pluie et de beau temps relatif. Le grand prêtre bleu est revenu et a chanté avec un véritable talent, une articulation superbe et une puissance énorme de voix, une invocation à Palès, entremêlée de chœurs et d'un beau caractère mélodique. A la cantate a succédé une gracieuse entrée de ballet, jardiniers et jardinières, qui, au lieu d'être interrompue par un orage feint comme le portait le programme, a été accomplie par une pluie battante. C'était pitié de voir ces jolis petits souliers de maroquin bleu sautiller dans l'eau de la grotte, et toutes ces jupes de gaze semées de bluets s'aplatir sur le corps de ces gentilles fillettes qui se trémoussaient de si bon cœur ; mais spectateurs et acteurs étaient résolus à ne pas s'apercevoir du temps qu'il faisait.

Le *Pas des faucheurs et des faneuses* est une idée charmante et qui produirait de l'effet dans un ballet à l'Opéra. Rien de plus gracieux que ces poses penchées et relevées, que ces mouvements de faux et de râteaux alternés sur un rythme franc et soutenu par les voix du chœur. L'entrée du char à foin, le départ des *armaillis* pour la montagne avec leurs vaches clarinées de clochettes au tintement mélodieux, leur voiture chargée de tous les ustensiles de la fromagerie, y compris ce grand chaudron pendu à l'arrière-train et rempli de marmaille, le ranz des vaches repliqué et, comme disaient nos bons aïeux, contrepelé d'échos mystérieux et lointains, les vieilles chansons nationales en patois ont fait le plus vif plaisir, et ce n'était pas facile à ces spectateurs à jeun et trempés jusqu'aux os depuis six heures du matin.

Même cérémonial pour le grand prêtre de Cérès qui vient chanter son grand air devant l'estrade, accompagné de son chœur et de son cortége. Les vers très remarquables de cette cantate sont de M. Marc Monnier, et la musique en est magnifique. Ce frisson qui signale la présence du beau a couru sur l'assemblée quand le chœur immense a repris avec sa voix colossale les quatre derniers vers de l'invocation à Cérès.

> Aux temps futurs, les peuples de la terre
> Te nommeront divine charité ;
> Tu resteras la nourrice et la mère
> Qui dans ses bras berça l'humanité !

L'entrée de ballet se compose de moissonneurs, de moissonneuses, de glaneurs, de glaneuses, qui exécutent en dansant le simulacre des travaux de la terre. Ensuite a lieu le défilé de la charrue, de la herse, du char de blé et du char du meunier avec sa roue, ses meules et son tic tac mis en mouvement par la marche de la voiture.

Le grand prêtre de Bacchus se présente à son tour devant l'estrade et chante son invocation au dieu de la vigne, au père de la joie, au libérateur des soucis; le chœur approuve et développe les mérites du dieu, gaieté et richesse du canton. Pour le ballet des vignerons et des vigneronnes, représentant les travaux de la vigne aux diverses saisons de l'année, des chars passent emportant la vendange, le pressoir et des tonneaux que martèlent en cadence de joyeux tonneliers, dignes d'être les apprentis du maître Martin des *Contes* d'Hoffmann. La grande bacchanale qui précède le défilé est un vrai chef-d'œuvre chorégraphique. Elle n'est composée que de faunes, de satyres et de bacchantes, vêtus de peaux de panthère, de pagnes, de feuillages et coiffés de pampres. Ils dansent et bondissent comme s'ils avaient sous les pieds la peau de bouc gonflée des anciennes fêtes de Bacchus. Rien ne donne plus l'idée d'une fête antique que ce ballet mâle, d'une verve si délirante et d'une énergie si gaiement sauvage. Les danses athéniennes en l'honneur de Cérès et de Bacchus, et qu'on nommait les *aloennes*, devaient avoir ce caractère.

La fête se termine par une noce où figure, parmi les invités, un couple de chacun des vingt-deux cantons en costume national, qui exécutent une valse avec un entrain, une grâce et une précision remarquables.

La valse terminée, tout le cortège défile processionnellement devant l'estrade de la confrérie, et l'on peut admirer de près les charmantes jeunes filles qui représentent les déesses du printemps et des moissons avec une assurance modeste qui supporte, sans les braver, tous les regards fixés sur elles. Le dieu des vignerons est figuré par un jeune garçon, dans l'attitude classique, à califourchon sur un tonneau et tenant à la main une coupe où Bacchus est abondamment tempéré par les nymphes, vu la pluie qui tombe toujours.

Si toutes ces allégories vous semblent un peu bien païennes pour un pays chrétien, n'oubliez pas que la devise de la confrérie porte ces graves paroles répétées dans des écussons parmi les pampres mythologiques : *Ora et labora*.

II

Après les fêtes de Vevey il eût été bien stoïque de reprendre le chemin de fer pour Paris, sans errer un peu au bord du lac d'une beauté si admirable dans ce cirque de montagnes où il se termine. Le beau temps avait succédé aux pluies de la veille. En se repliant comme des gazes qu'on roule, les nuages découvraient des cimes bleuâtres çà et là réveillées d'un paillon de neige. Notre critique n'avait pas grand'chose à faire au théâtre où ne se jouent que des reprises et des vaudevilles d'été, et peut-être aussi éprouvions-nous un peu de fatigue d'avoir si longtemps tourné notre roue. Un feuilletoniste, après tout, est une créature humaine, et sa cervelle, hantée par les pensées des autres, est bien aise parfois de fermer sa porte pour ne donner accès qu'à ses propres rêves. Une gracieuse hospitalité nous était offerte à Saint-Jean. Nous l'acceptâmes dans la croyance modeste que Paris se passerait très bien de nous pendant quelques jours ou quelques semaines. Et nous voilà installé au sein d'un doux et charmant loisir, cherchant sous les grands marronniers la fin de *Spirite*, dont l'annonce souvent répétée en tête du journal ne laisse pas que de nous alarmer un peu (1).

De quelque côté qu'on se tourne, la vue est magnifique et nous contemplons ces grands aspects avec une nonchalance songeuse, rafraîchissant dans un bain de nature notre esprit un peu suréchauffé par l'art. La villa occupe le sommet d'un plateau dont les pentes soutenues d'arbres verdoyants et de palissades descendent jusqu'au Rhône, qui passe au pied de la terrasse roulant son eau bleue et rapide qu'argentent des remous d'écume. En avançant jusqu'au bord du terre-plein on aperçoit l'Arve qui arrive d'un cours précipité derrière la pointe d'une sorte de promontoire et mêle son flot jaunâtre au flot d'azur du fleuve. Des rochers de la plus noble forme, dignes du Guaspre et de Poussin pour la beauté des lignes, bordent le Rhône de ce côté. Des vignes en escaladent la base, de grands arbres en cou-

(1) Au *Moniteur universel*.

ronnent le sommet. Pour la beauté du style, c'est comme un coin d'Italie faisant coulisse à un paysage suisse. Les montagnes violettes à plusieurs plans de recul, et que les jeux de la lumière revêtent de teintes merveilleuses, ferment la perspective où s'enfonce le fleuve parti du Léman, ce lac de turquoise, pour se perdre dans la Méditerranée, cette coupe de saphir. En face, s'étale une plaine zébrée de cultures, tachetée de maisons, pommelée d'arbres que domine le mont Salève de ses escarpements rayés de zones vertes et calcaires. A l'autre bout, Genève dessine ses toits surmontés par les tours de Saint-Pierre, et des montagnes dont la pente s'abaisse vers le lac découpent leurs silhouettes vaporeuses. Entre deux de ces sommets apparaît parfois, lorsque le temps est très pur, une mince ligne de neige. C'est le mont Blanc, le géant des Alpes, masqué à demi par les hauteurs interposées.

Ce vaste panorama présente, selon les heures du jour et les variations du climat, des aspects et des effets qui se renouvellent sans cesse. Quelquefois, le matin, la brume cache entièrement le mont Salève, et l'on peut croire qu'on a devant soi une plaine que termine un ciel grisâtre. Puis le brouillard se déchire et l'on découvre par places la montagne qui se dégage lentement de ses fumées ; ou bien c'est un nuage transversal qui s'allonge et sépare le haut du mont de sa base, de sorte qu'un immense banc de rocher semble flotter en l'air. Ce mouvement des nuages modifiés d'un instant à l'autre par le vent et la lumière est pour nous un sujet perpétuel d'admiration naïve. A Paris, les nuages sont des phénomènes météorologiques dont on ne s'occupe guère. Cela se passe au-dessus de nos têtes, là-haut, bien loin, à ce qu'il semble; ils s'en vont, se fondent ou versent leurs urnes de pluie; ils paraissent faire partie du ciel, et l'homme les croit volontiers inaccessibles. Ici c'est tout le contraire : on les voit poindre, se former, s'assembler par flocons sur les flancs ou sur les cimes des montagnes; ils se groupent en bancs, en archipels, marchent en rampant sur les pentes comme de long phoques blanchâtres qui s'efforcent de s'accrocher à un rivage. Parfois au-dessus d'eux brille, sous un rayon de soleil, un chalet, un bouquet de sapins, une haie de chemin frayé; on les traverse, on les dépasse, on les touche en quelque sorte de la main; on les voit tomber de loin par fumées, par hachures, par stries, ou jeter des ombres sur les eaux du lac. Le soir, ils s'amusent à coiffer des montagnes de faux glaciers et à mettre à un pic isolé le panache fumeux d'un volcan.

L'autre jour, après avoir bien regardé ce spectacle dont on ne se lasse pas, nous allions rentrer dans la villa lorsque les abois des chiens nous firent tourner la tête vers la grille. C'était le facteur qui arrivait avec des lettres, des journaux et une brochure en épreuve. Sur la couverture, une demi-ligne d'une écriture hardie, vive et menue, que nous connaissons de longue date, nous fit laisser les autres papiers et nous ouvrîmes le mince volume. Nous avions en main un exemplaire de la pièce de M. Émile de Girardin, *les Deux Sœurs*, qu'il avait eu la bonne grâce de nous faire parvenir.

L'auteur eût voulu que la première représentation de son drame se donnât un jour de spectacle gratis, pour avoir affaire à un public naïf, sans prévention, sans rancune, sans théorie et ne cherchant dans une œuvre que l'effet ressenti. *Les Deux Sœurs* ont-elles été jouées comme le désirait M. de Girardin? Nous l'ignorons encore. Toutefois, nous savons qu'avant de subir cette épreuve de la foule livrée à elle-même, elles ont été représentées au théâtre du Vaudeville, dans une salle passablement agitée et tumultueuse. C'est ce que disent du moins les petites chroniques courantes des journaux, car la haute critique du lundi n'a pas eu le temps de rendre son verdict.

Les Deux sœurs sont donc pour nous une pièce de spectacle dans un fauteuil, à cette exception près que nous l'avons lue sur un banc, interrompant de temps à autre notre lecture pour y réfléchir et admirer tout à travers le drame un effet de lumière dans les nuées et les braises du couchant.

Une phrase prise à la préface du *Supplice d'une femme* sert d'épigraphe à la brochure et en donne tout de suite la portée philosophique : « Plus on creuse le problème conjugal, et plus on arrive à cette conclusion que, hors la fidélité réciproque, il n'y a que complication inextricable des situations et avilissement inévitable des caractères. » C'est là une de ces vérités admises par tout le monde, mais dont l'homme se dispense volontiers et qu'il applique rigoureusement à la femme. Cela semble injuste d'abord, mais ce n'est pas pour rien que l'honneur spécial de la femme a été placé dans la chasteté. La première probité pour elle est la probité du flanc, d'où dépend la certitude de la famille. Le mariage prend la jeune fille scellée du sceau virginal. Toute faute, chez elle, détruirait la sécurité du foyer, qu'elle précède ou suive l'hymen. Sans doute, l'infidélité de l'homme est répréhensible ; elle introduit dans le ménage le mensonge ou la solitude, les détournements d'affection ou d'argent, le chagrin ou l'orgueil froissé de la femme trahie ; mais enfin elle est tout extérieure. Nous ne l'excusons pas pour cela : pourtant ses conséquences sont moins terribles que celles déterminées par la chute de l'épouse gardienne de la maison et de l'intégrité des races.

Dans la pièce de M. Émile de Girardin, deux sœurs sont en présence, comme deux antithèses vivantes. L'une, Cécile, a épousé, pour rassurer une mère trop inquiète peut-être de l'avenir pécuniaire de sa fille, un marquis de Terre-Plane orné de trois cent mille francs de rente, de soixante ans et d'une goutte bien gagnée, qu'il déguise sous le nom de rhumatisme, et qui, tout usé qu'il est, prolonge dans le mariage la vie de garçon, trouvant que ce n'est pas assez d'une femme jeune, belle, sage, bien élevée, aux petits soins pour lui et d'une angélique patience. De cette union si mal assortie est née une petite fille chétive, presque toujours malade, à demi contrefaite, que sa mère couve sous son aile avec une passion que rien ne distrait. Cécile est la statue du devoir, elle excuse son mari, elle se soumet sans murmure à ses décisions, fussent-elles baroques ou injustes; elle accepte les restrictions qu'il met aux dépenses les plus légitimes, prodigue pour lui-même, avare pour les autres, et, malgré sa grande fortune, ayant toujours besoin d'argent pour le budget secret de ses vices. Trompée pour des rivales indignes, elle ne se croit pas le droit de représailles. M. de Terre-Plane, qui n'aime pas les femmes parfaites, est un peu ennuyé des vertus de Cécile ; mais au fond il la respecte, et le ménage va sans encombre : heureux, ce serait beaucoup dire, du moins non malheureux. L'impeccable épouse est récompensée par le calme de sa conscience et l'amour de son enfant.

Valentine, la sœur de Cécile, est loin d'avoir le même caractère ; on dirait qu'elles ne sortent pas du même sang. Mariée à M. Robert de Puybrun, un brave garçon qui l'aime de toutes les forces de son cœur et jusqu'à en être jaloux à la manière d'Othello, Valentine a eu bientôt assez de cette passion conjugale qui lui pèse et l'obsède. Elle n'éprouve plus pour Robert qu'un sentiment d'ennui, de fatigue et de répulsion. Tout ce qu'il fait pour être charmant le rend plus odieux. Valentine prétend qu'elle a besoin de mouvement, de liberté, de grand air, de voyages ; elle étouffe dans l'atmosphère du ménage : il lui faut la vie ardente et les orages du cœur. Bref, Valentine est dans ce moment délicat de l'existence féminine que M. Octave Feuillet appelle la crise, et dont il excelle à décrire les péripéties. Sachant que sa sœur Cécile doit accompagner à Vichy le marquis de Terre-Plane très souffrant de sa goutte, Valentine demande à être du voyage, et quand sa sœur lui objecte qu'étant bien portante elle n'aura aucun plaisir dans cette bouilloire thermale, parmi des malades perclus de rhumatismes, de néphrites, et portant aux yeux les lunettes d'or de l'hépatite, la jeune folle répond qu'elle fera le piquet du marquis. Du consentement de Robert, Valentine s'en passerait au besoin, mais Cécile désire avoir l'agrément du marquis. Robert cède sans consentir, car, dans sa doctrine, le mari et la femme ne doivent jamais se séparer. Le marquis ne dit pas non, et, au second acte, Valentine est à Vichy et ne demande pas un verre d'eau chaude aux naïades du lieu.

Vous pensez bien qu'il y a un motif secret au voyage de Valentine à Vichy. Là se trouve le duc Armand de Beaulieu, un gentleman accompli, habitué à toutes les sortes de succès, et dont les qualités brillantes ont fasciné aisément une femme trop disposée à l'oubli du devoir par une ardeur passionnée, l'ennui du foyer et l'aversion pour un mari fatigant de tendresse. Valentine n'est pas d'un caractère à garder ces apparences dont le monde se contente souvent ; sa passion pour le duc est visible pour les moins attentifs, et chacun en parle à Vichy entre un bain et une contredanse. Il est difficile à l'amant d'une femme qui se compromet de lui recommander la prudence : il a l'air de rougir de l'amour qu'il inspire, et, moins courageux que sa maîtresse, d'en redouter les suites. Le duc Armand de Beaulieu se résigne donc aux témoignages presque publics d'un sentiment qu'au fond il redoute. Un télégramme envoyé de Paris par une femme de chambre, chargée de surveiller M. de Puybrun, renferme cette phrase terrible dans sa concision chiffrée : « Monsieur vient de partir pour surprendre madame. »

Ce coup de foudre, on peut bien le nommer ainsi, puisque c'est l'électricité qui transporte la nouvelle, réveille Valentine de son ivresse. La réalité lui apparaît dans toute son horreur. Le duc est d'avis qu'il faut attendre M. de Puybrun de pied ferme, dissiper les soupçons, démentir les bruits qui courent, et, à tout prix, garder cette position de femme du monde que rien ne remplace, ni la vie à deux dans les chalets, ni les promenades en barque sur le lac de Côme. Valentine, au contraire, veut quitter tout, se perdre avec éclat et disparaître dans un bonheur lointain et caché, chimères romanesques dont le duc essaye en vain de lui démontrer l'inanité. Valentine persiste dans sa folie ; et comme un homme ne veut pas paraître lâche devant celle qu'il aime, Armand de Beaulieu admet le projet de fuite qui perd à jamais sa carrière. Mais les deux amants, dans leur trouble, n'ont pas bien regardé l'heure, et ils arrivent à la gare du chemin de fer une ou deux minutes après le départ du train. Les voilà donc sur le débarcadère, au su de tout Vichy, avec leurs malles, car une élégante qui se fait enlever n'oublie pas, malgré la passion, ses robes et ses chapeaux, et traîne après elle une grande quantité de coffres. Aucun subterfuge n'est désormais possible. Le mari arrive, certain de son malheur. Sa jalousie, sans cause autrefois, est maintenant trop bien justifiée. Il apprend à Cécile qui l'ignorait la faute de sa sœur, et il roule dans sa tête mille projets de vengeance.

Le duc Armand de Beaulieu, qui n'a pas l'habitude de reculer devant les situations équivoques et qui aime à répondre de ses actions, évite à M. de Puybrun la peine de le chercher, et il se présente hardiment et froidement à l'époux outragé, lui offrant toutes les réparations qu'il désirera. M. de Puybrun veut se battre avec M. de Beaulieu, qui accepte le duel, mais dit qu'il ne se défendra pas. Un duel sérieux est impossible entre le mari et l'amant. Les insultes les plus graves ne sauraient contraindre un galant homme, dont le courage est connu et ne saurait être soupçonné, à cette lutte impie. Alors Robert de Puybrun, exaspéré par ce sang-froid, tire sur le duc un des pistolets qu'il lui présentait et se brûle la cervelle avec l'autre.

Ce dénouement d'une violence logique et brusque

aurait pu, ce nous semble, s'appliquer au *Supplice d'une Femme*. A la double détonation, Valentine s'élance de la chambre où elle était renfermée et s'agenouille près du corps de Robert en murmurant d'une voix éteinte : « Tu me l'avais bien dit, ma sœur. »

Voici l'action dans sa rapidité impérieuse et brutale. L'idée une fois posée se hâte vers le dénouement sans s'arrêter jamais. Il n'y a dans la pièce que les personnages indispensables et que les situations logiquement déduites du thème. A peine s'il se mêle à l'action deux figures épisodiques chargées de l'égayer un peu : un monsieur Donzac, l'homme notice, qui s'est fait une sorte d'érudition de nomenclateur avec les dictionnaires de Bouillet, les annuaires, les prospectus, les manuels et tous les petits livres instructifs mâchant la science à la paresse, et une certaine Louise Campbell, Française malgré son nom britannique, atteinte d'anglomanie, vivant dans une maison montée à l'anglaise et regrettant fort de ne pas être une lady.

A la lecture, la pièce satisfait l'esprit ; elle est menée avec la rigueur vigoureuse d'un dialecticien habitué à soutenir idées, systèmes et paradoxes. Quel relief peuvent lui donner les excellents acteurs qui la jouent : Berton, Febvre, Félix et la gracieuse Mlle Francine Cellier ? C'est ce qu'il est difficile de se figurer en fumant son cigare sur la terrasse de Saint-Jean. Mais ce dont on peut être certain, c'est que Mme Fargueil a déployé un talent incisif, violent, aigu pour ainsi dire, et qui correspond admirablement à l'esprit du drame et aux intentions de l'auteur. Mme Fargueil doit porter la pièce des *Deux Sœurs* avec autant de vaillance que Mme Favart a mis de charme pénétrant dans le *Supplice d'une Femme*, et qu'en déploie à Lyon Mlle Lia Félix dans cette dernière pièce.

A notre sentiment, l'œuvre nouvelle de M. Émile de Girardin doit gagner beaucoup à la scène, et maintenant que notre article est fini, des journaux de Paris nous arrivent et nous annoncent que *les Deux Sœurs*, à la représentation gratuite du 15 août, ont obtenu un immense succès et sont allées aux étoiles. L'enthousiasme du public non payant a été tel que M. Émile de Girardin n'a pu se soustraire à une ovation et a dû paraître sur la scène. Qui a raison des lettrés ou du peuple? Le proverbe dit : *Vox populi, vox Dei.*

1865.

UNE VISITE

DANS LA MONTAGNE

UNE

VISITE DANS LA MONTAGNE

De Suisse, le 22 septembre 1866.

Les annonces de spectacles qui terminent les journaux semblent stéréotypées pour longtemps encore, et nous n'y voyons d'autre nouveauté qu'un vaudeville en un acte de M. Henri Rochefort et Pierre Véron, *la Confession d'un enfant du siècle*. Nous croyons donc pouvoir, sans manquer à ce qu'on appelle « le sacerdoce de la critique, » rester huit jours de plus en Suisse et substituer à l'analyse des pièces absentes le récit d'une petite excursion dans la montagne. Quelques observations bien senties sur la température nous serviront d'entrée en matière.

On attribue les pluies fréquentes de cette année aux vapeurs produites par la fonte d'une immense banquise de deux cents lieues de long, détachée des côtes du Groenland ou du Spitzberg et entraînée dans les eaux chaudes du *Gulf-stream*, où elle s'évapore en brumes qui ont compromis l'été et qui gâtent l'automne, car cette énorme fumée que pousse le vent d'ouest se résout en averses incessantes sur la France et sur la Suisse. Les seaux de la pluie ne sont pas tellement vidés quand les nuages nous arrivent passant par-dessus la chaîne du Jura, qu'ils ne contiennent de quoi nous tremper jusqu'aux os pour peu que nous quittions notre toit hospitalier.

Aussi la semaine dernière nous avions renoncé au projet formé depuis plusieurs jours d'aller faire une promenade dans cette Savoie que l'annexion a rendue française. Le baromètre faisait monter et descendre sa colonne de mercure entre Variable, Pluie ou Vent, Grande Pluie, Tempête, prophéties météorologiques toujours réalisées avec une désespérante exactitude. Le samedi, veille du jour fixé d'abord pour l'expédition, le ciel ouvrit les écluses de ses eaux, et, malgré l'antique promesse, parut vouloir donner une seconde édition du déluge. Bien avant dans la nuit nous entendîmes les gouttes de pluie fouetter nos volets; mais le matin, agréable surprise, une lumière fraîche et bleue illuminait l'horizon. A peine quelques flocons blancs rampaient sur les flancs du Jura, et le Salève s'apercevait à travers une gaze légère de plus en plus transparente, signe infaillible de beau temps.

La calèche fut attelée et bourrée de provisions, et nous voilà partis. Ce jour-là était un jour de jeûne fédéral destiné à l'édification des étrangers. Nous ne savons pas s'il a été rigoureusement observé, mais les rues de Genève fourmillaient de gens portant des paniers pleins de victuailles. Des véhicules de toutes sortes chargés de familles au grand complet se dirigeaient vers les campagnes diverses. Les omnibus étaient assiégés, les bateaux à vapeur du lac envahis. Chacun fuyait joyeusement la ville qui, dans la journée, a dû être gaie comme Londres un dimanche.

Sur une place se tenaient une grande quantité de faucheurs attendant sans doute d'être embauchés. Ces grands gaillards, appuyés sur leurs faux dont le fer reluisait au soleil, avaient une apparence assez formidable et faisaient penser aux allégories du Temps et de la Mort.

Nous eûmes bientôt gagné la frontière, et les mots « gendarmerie impériale » peints sur une maison, à l'entrée d'un village, nous avertirent que nous venions de quitter la Suisse pour la

Savoie. Le bourg d'Annemasse n'a rien de bien pittoresque ; mais, dès qu'on l'a franchi, la route qui s'élève par pentes adoucies devient charmante.

A la droite du chemin se creuse une vallée où serpente une rivière torrentueuse, la Menoge, qui va un peu plus loin se jeter dans l'Arve. On aperçoit le revers du Salève moins connu que la face tournée vers Genève avec ses zones de calcaire et de verdure. Ce côté-ci est vert, boisé presque jusqu'au sommet, et de ce point comme de l'autre on distingue ce qu'on appelle toujours les *Treize-Arbres* bien qu'il n'y en ait plus que trois.

Au bas de la montagne, les tourelles d'un vieux château dressent leurs toits en éteignoir. Il est difficile d'apprécier leur dimension véritable, car les masses qui les avoisinent les écrasent et les font paraître toutes petites : on dirait ce mignon castel tiré d'une boîte de jouets de Nuremberg. Aucun ouvrage humain ne peut se tenir et produire son effet en présence des ouvrages de la nature.

A la gauche du chemin, sur des pentes hautes et rapides bien exposées au soleil, s'échelonnent des vignes dont les grappes mûriront peut-être, malgré la désastreuse température de l'année.

La vallée se creuse de plus en plus, et bientôt l'on arrive au pont de la Menoge, qui mérite une description : il a deux rangs d'arches superposées, disposition qui rappelle le pont du Gard, lequel, à vrai dire, est un aqueduc ; au fond, dans la pointe du V que forment les deux culées, une arche unique enjambe le torrent ; sur l'extrados de cette arche qui autrefois était le point où aboutissaient deux pentes d'une déclivité dangereuse, on a élevé récemment trois arcades à large ouverture qui mettent la route de niveau et font dans le paysage un bel effet, avec leur pierre d'un blanc doré et leurs baies emplies d'un air bleuâtre. En se penchant par-dessus le garde-fou, on distingue dans la profondeur du ravin, au bord du torrent, de pittoresques maisonnettes bâties moitié en pierre, moitié en bois, et jetées là avec un charmant désordre.

Quand on a passé la Menoge, on avance à travers un vaste cirque de montagnes qui revêtent les couleurs les plus étonnantes : ce sont des violets d'améthyste, des bleus de saphir, des tons de cendre d'Égypte, de fumée de pipe, de gorge de pigeon, de velours épinglé, de gaze d'argent froissée, rehaussés sur les sommets les plus lointains de quelques touches de neige et soutenus aux plans plus rapprochés par la verdure sombre des forêts qui, à cette distance, semblent de larges plaques de mousse. Au-dessus des montagnes, des nuages blancs mêlés d'ombres et de rayons forment comme un second gradin du cirque et semblent aériennement continuer la chaîne. Parfois on s'y tromperait, tant la ressemblance est grande de la montagne de vapeur avec la montagne de granit.

Dans la plaine, ou du moins dans ce qu'on peut relativement désigner ainsi, des bandes de verts de nuances variées désignent les cultures diverses. Les arbres, d'une verdure si intense qu'elle paraît noire, projettent sur les zones dorées leurs ombres violettes. Les haies marquent des lignes comme sur un plan topographique, et par places des ruisseaux glissent leurs fils d'argent dans la trame verte.

Aux bords du chemin babillent, sautillent et scintillent de petites sources, des cascatelles en miniature, des torrents contenus dans un fossé et qui moussent prétentieusement contre un caillou « faisant des Niagaras aux fourmis. » Rien de frais, de gai, de vivant comme cette présence perpétuelle de l'eau qui vous accompagne tout le long de la route. Quand on ne la voit pas, on l'entend jaser dans l'herbe ou derrière la haie. Nous arrivâmes bientôt à Nangy, dont la population fêtait gaiement le dimanche. Le type n'est plus le même qu'à Genève et aux environs. Les visages ont en général une régularité italienne; les yeux noirs et les cheveux bruns abondent. Les femmes sont plus belles et de physionomie plus avenante que les

Genevoises, sur qui semble peser, même quand elles s'amusent, une inexplicable tristesse. Après cela, nous ne donnons notre remarque que pour ce qu'elle vaut. Les voyageurs sont tous un peu comme ce touriste anglais qui, débarqué à Boulogne, dans une auberge dont l'hôtesse était bossue et rousse, écrivait sur son calepin : « Toutes les Françaises sont rousses et bossues. » Il se peut que les Genevoises soient jolies et que les Savoyardes soient laides ; mais les annexées que nous rencontrâmes ce jour-là nous parurent agréables. Voilà ce que nous pouvons dire en conscience.

A Nangy, un faux renseignement nous fit pousser jusqu'à Contamines, joli village situé un peu plus loin que l'endroit où nous devions quitter la route pour nous engager dans la montagne, car le but de notre excursion était une visite à un cousin d'une des personnes qui habitent la villa où nous écrivons ces lignes. L'aubergiste de Contamines nous donna un guide, et voilà notre calèche grimpant avec force cahots un sentier pierreux, au long duquel gambadait, avec une pétulance folle, un torrent tapageur, clair comme de l'eau de roche, malgré les pluies récentes, sautant de pierre en pierre, bouillonnant, écumant sous des branches inclinées, et qui, tout rapide qu'il soit, est parfois remonté par les truites.

Tout au haut de cette côte abrupte, non loin du village de Pouilly, à deux pas du torrent, s'élève la maison où nous devions dîner. On dîne ici à l'heure où l'on déjeune à Paris, entre midi et une heure. C'est une sorte de ferme demi-bourgeoise. La toiture tumultueuse a des pentes diverses et se reploie comme elle peut pour couvrir des bâtiments assemblés sans symétrie, ce qui produit des angles inattendus et de belles ombres portées.

Autour de la case se développe, avec tous les charmants hasards de la nature quand elle n'est pas contrainte, un jardin comme nous les aimons, c'est-à-dire livré à lui-même, et dont le caprice échappe à la pédanterie du jardinier armé de cisailles. Aussi il faut voir comme les volubilis, les capucines, les clématites s'en donnent à cœur joie, accrochant partout leurs treilles, suspendant leurs clochettes et leurs étoiles aux murs, aux branches, aux échalas, aux vieux morceaux de treillages ou de clôtures. Les roses, les géraniums, les verveines, les héliotropes, sans aucun souci de leur rang, vivent dans le meilleur accord avec les choux, les pommes de terre et les carottes, tous, fleurs et légumes, constellés d'une pluie de diamants et de perles, et aussi riches les uns que les autres; en face se trouve un autre jardin, un peu plus grand, coupé par un ruisseau qu'on traverse sur une planche; trois jeunes sapins y dressent leur silhouette élégante.

Le maître de la maison a abandonné le bas du logis à l'exploitation rustique, et s'est réservé dans le haut une chambre où il vit en anachorète avec un Pylade, un *fidus Achates*, un *famulus* Wagner, très original et très bon compagnon. Ils s'occupent de géométrie, de mathématiques, de littérature, de sciences, connaissent parfaitement leurs auteurs, et, après des raisonnements sur les calculs de Leverrier qui indiqua infailliblement la place probable de Neptune, le *famulus* Wagner fait des omelettes et des pommes de terre sautées exquises. Quand nous arrivâmes, il était en train de lire la *Floride* de Méry, dont il avait appris la mort avec chagrin.

Comme on le pense, le repas fut joyeux. Le soleil, les branches et les fleurs entraient par les petites fenêtres de la salle basse où nous mangions.

Quoique le vin, récolté dans sa vigne par le maître de la maison, fût excellent, nous avions envoyé chercher à Contamines, pour égayer le dessert, un certain vin à demi mousseux et célèbre dans la contrée. On en boit largement, car il est léger et ressemble au vin de Champagne. Puis, après des remerciements pour la cordiale hospitalité, nous remontâmes en voiture. Un autre guide

nous conduisit par un chemin plus court, mais changé en lit de rivière par la pluie de la veille. Nous en sortîmes enfin, non sans avarie, car le brancard de la calèche fut cassé. On l'arrangea tant bien que mal, et nous retrouvâmes bientôt le grand chemin.

Le jour baissait, et le coucher du soleil dans les montagnes était splendide. Dégagé de toute vapeur, le mont Blanc dominait l'horizon, et sa cime prenait cette couleur rose qui est la pudeur de la neige quand le soleil lui donne le baiser du soir. Bientôt la lueur s'éteignit, et la montagne géante apparut sur le ciel violet comme un spectre de clair de lune.

VOYAGE D'EXPLORATION

SUR LA MEUSE

PAR LE CHALAND LA *BEAUTÉ*

VOYAGE D'EXPLORATION

SUR LA MEUSE

PAR LE CHALAND LA *BEAUTÉ*

Est-il bien nécessaire, pour qu'un voyage offre de l'intérêt, qu'il ait lieu dans des contrées lointaines, à demi fabuleuses, presque inaccessibles, où l'on ne va guère et d'où l'on ne revient pas souvent? Notre idée n'est pas de déprécier les navigations sur l'Amour, le Nil Bleu ou Blanc, la rivière des Amazones ou le Macquarie; mais une simple promenade sur la Meuse, de Charleville à Givet ou à Namur, ne manque pas non plus de charme, et il est peu de touristes qui la fassent. Cet été nous nous sommes passé cette fantaisie, et nous y avons pris autant de plaisir qu'à descendre de Tver à Nijni-Novgorod par le Volga.

Quelques heures de chemin de fer nous amenèrent à Charleville, qui s'éveillait à peine dans les fraîches lueurs de l'aurore lorsque nous en partîmes, après un déjeuner confortable, pour nous rendre à bord du chaland *la Beauté*, qui nous attendait amarré près de la berge. Ce nom était de bon augure. Parmi les passagers devant faire partie de l'expédition, nous avions remarqué une figure qui ne nous était pas inconnue, sans que nous pussions y rattacher un nom déterminé. Il nous semblait avoir vu autrefois, dans un pays dont nous avions perdu le souvenir, cette tête pâle aux traits fins, jeune alors et que quelques cheveux blancs, contrastant avec sa teinte bistrée actuelle, ne changeaient pas beaucoup. Le voyageur nous regardait aussi, faisant sans doute des réflexions identiques. Deux ou trois phrases nous mirent sur la voie : nous avions dîné ensemble en 1840, dans la rade de Cadix, à bord du brick *le Voltigeur*, commandé par M. Le Barbier de Tinan. Il était alors officier de marine. Un raz de marée nous retint deux jours sur le brick, car il eût été dangereux ou imprudent de tenter en canot le retour à terre. A ce simple mot, *le Voltigeur*, tout un panorama merveilleux, effacé par les brumes de l'oubli, se raviva soudainement dans notre esprit avec une éblouissante intensité de lumière. Nous revîmes Cadix, étincelante de blancheur, s'élever du bleu de la mer vers le bleu du ciel, avec la couronne d'argent de ses édifices que surmonte, comme le bouton de vermeil d'une tiare, la coupole jaune de la cathédrale. Notre jeunesse évanouie revécut quelques minutes et nous donnâmes une poignée de main fraternelle à l'officier que nous n'avions pas revu depuis vingt-sept ans. Quel jeu du hasard! se rencontrer deux fois dans la vie : une fois sur le pont du brick *le Voltigeur*, et une autre dans la cabine du chaland *la Beauté*, à Cadix et à Charleville, sur l'Océan et sur la Meuse! Quand nous reverrons-nous maintenant? Jamais, peut-être.

Cet officier était le photographe bénévole de l'expédition, et ses admirables planches viendront bien à propos en aide à notre mémoire.

Avant de démarrer, car dire lever l'ancre serait un peu prétentieux, il nous paraît convenable de donner aux lecteurs une idée de notre embarcation; elle ne ressemblait pas au *Bucentaure* de Venise, ni au caïque du sultan, ni au yacht de lord un tel, ni même à un de ces élégants clippers qui remportent le prix aux régates. C'était un bon gros bateau à fond plat, taillé en galiote, avec une cabine en planches à l'arrière, habitué à porter des briques, du charbon ou des ardoises, qu'on avait approprié et aménagé pour la circonstance. Une toile goudronnée fixée sur des pieux formait le tendelet, et, à l'avant des bottes de paille dissimulées sous des couvertures de voyage offraient au repos et à la rêverie des mollesses suffisantes. La soute aux vivres, abondamment garnie, aurait défrayé un voyage au long cours ; un jambon, une oie farcie, des volailles froides, des saucissons, du fromage, des œufs, de nombreuses bouteilles de vin, de non moins nombreux cruchons de bière, assuraient notre nourriture pour plus d'une semaine. Le capitaine, Élisée de Montagnac, avait tout prévu. Il n'y avait pas à craindre que les agonies faméliques du radeau de *la Méduse* se renouvelassent à bord de *la Beauté*. Nous ne courions aucun risque de dévorer le caoutchouc de nos bretelles ou le cuir de nos bottes, et il était peu probable qu'on tirât à la courte paille, comme dans la ballade du joli petit navire à l'eau depuis sept ans.....

Pour savoir qui sera mangé.

Par exemple, on n'avait pas embarqué d'eau ; mais avec un bidon au bout d'une ficelle plongeant dans la Meuse, il était facile de s'en procurer.

Nous devons avouer que *la Beauté* ne marchait ni à la vapeur ni à la voile, et même qu'il y manquait une chiourme de nègres vêtus de chemises en gaze blanche rayée, faisant en cadence ouvrir de chaque côté de la barque un large éventail de rames. On avait eu recours à un moyen de traction des plus primitifs; du haut du mât partait une corde qui aboutissait à un cheval d'humeur pacifique et prenant dans les grandes occasions un petit trot, retombant bien vite à l'allure du pas. Vu de loin au bout de son fil, ce cheval ressemblait à un scarabée auquel des gamins font traîner une galiote en papier.

Mais ce scarabée, rampant le long du chemin de halage et courbant sous le passage de la corde les joncs, les oseraies et les fleurs de la rive, qui se relevaient ensuite avec un joli mouvement de pudeur froissée, suffisait à faire glisser sur l'eau limpide de la Meuse le lourd chaland taillé comme une orque hollandaise (1). On n'allait pas vite. Oh! non. Mais cette sage lenteur nous convenait; elle nous donnait le loisir d'admirer en détail le superbe paysage que présentaient à droite et à gauche les deux rives du fleuve; puis, en ce siècle hâtif, à la respiration entrecoupée et haletante, qui s'essouffle pour arriver quelques minutes d'avance au but, il est agréable de prodiguer cette monnaie du temps, si précieuse aujourd'hui, et d'employer trois jours à ce qui pourrait se faire en trois heures. En outre rien n'est odieux, selon nous, comme d'obéir au

(1) *Orque :* Petit bâtiment de navigation. (Rabelais.)

moyen mécanique, d'être l'esclave de la locomotive et de passer à l'état de colis. Le transport doit se subordonner au voyageur, se presser, se ralentir, s'arrêter au gré de celui-ci. Toutes ces conditions étaient réunies à bord de *la Beauté*. Quand un site nous plaisait, on faisait halte. Le cheval se mettait à brouter l'herbe; le photographe se coiffait de son voile noir et braquait sur le paysage le canon de son objectif. Les autres passagers piquaient des têtes du haut du tillac sans craindre d'être dévorés par les requins, très rares sous ces latitudes, et nageaient autour de la barque comme des tritons autour de la conque d'Amphitrite ou de Galatée. Ceux qui trouvaient l'eau trop froide fumaient, causaient ou se laissaient aller à la muette contemplation de la nature. Il arrive si rarement, dans la vie civilisée, d'être pendant quelques jours absolument maître de soi, entre le ciel et l'eau, baigné par la brise, séparé de tout importun, délivré de toute servitude, même celle du costume, que chacun de nous savourait délicieusement ce bonheur. A quelques encablures du rivage on avait jeté bas le vêtement correct, habit, paletot, chapeau rond, pour endosser la vareuse, la blouse ou le souquenille, chausser les alpargattas et serrer la ceinture bariolée autour du pantalon de toile. Quant à la coiffure, imaginez tout ce que vous voudrez de fantasque, depuis le bonnet rouge catalan jusqu'au chapeau de paille bédouin.

A peu de distance de Charleville, les bords de la Meuse commencent à s'escarper et prennent des aspects pittoresques. De hautes collines boisées descendent vers le fleuve en pentes plus ou moins abruptes, se reculent ou s'approchent, s'évasent ou s'étranglent selon les caprices de son cours sinueux et forment des bassins dont l'issue n'est pas visible, de sorte qu'on a souvent l'impression de naviguer dans un lac; mais l'on double un promontoire et l'on se trouve au milieu d'un autre cirque où se déroulent des perspectives nouvelles. La Meuse coule tantôt lente, tantôt rapide, ici resserrée, là extravasée largement sur des fonds variables que les bateliers connaissent comme si le lit de la rivière n'était pas recouvert par l'eau. Le chenal varie d'une rive à l'autre, et une barque menée imprudemment courrait risque de talonner et de s'écorcher le ventre sur le gravier ou sur les rochers. Mais depuis ces dernières années, des travaux d'art, des écluses, des barrages ont corrigé les rapides, maintenu le niveau, régularisé la profondeur et fait disparaître en partie les difficultés de la navigation : amélioration très importante, car la batellerie est très active sur la Meuse.

On rencontre d'abord Montcy-Saint-Pierre et

Montcy-Notre-Dame, l'un sur la rive droite, l'autre sur la rive gauche. Ces deux villages ou bourgs, qui autrefois n'en formaient qu'un seul, ont des prétentions d'antiquité dont il n'est pas facile de juger à cette distance. Montcy-Saint-Pierre veut avoir été un camp ou un établissement romain. Quelques médailles et autres menus débris trouvés aux environs donneraient une sorte de vraisemblance à cette supposition. Montcy-Notre-Dame, regardant son nom comme une abréviation de *mons Cythereus*, prétend avoir été jadis l'emplacement d'un temple dédié à Vénus; cela n'a rien d'impossible. Ce qu'il y a de certain, c'est qu'on aperçoit sur le bord de la Meuse, à l'angle d'embouchure d'un petit ruisseau nommé le ru de Voiru ou le Varidon, sur le haut d'un rocher, quelques pans de murailles informes, restes du château des Fées ou du château Défait, bâti par le sieur de Buzancy. Ce château était, à ce qu'on dit, primitivement un temple élevé à Julien l'Apostat. On pense bien que nous n'avons pas deviné tout cela au simple aspect de Montcy-Saint-Pierre et de Montcy-Notre-Dame, de la proue de *la Beauté*, où nous nous tenions debout pour mieux voir, et que nous avons consulté la géographie historique des Ardennes de Jean Hubert, car les légendes ne se découvrent pas avec une lorgnette, fût-elle de Chevallier.

Le fleuve longe les bois de la Havetière et passe devant Nouzon, qui était naguère un petit hameau composé de quelques cabanes de pêcheurs et qui est en train de devenir, grâce à son industrie, une ville importante. On y fabrique des canons de fusil et des fers ouvrés de toute sorte. Ces naissances de villes qui croissent à vue d'œil, fréquentes dans le nouveau monde, sont plus rares sur le vieux continent européen et présentent un spectacle intéressant à l'observateur.

La Meuse traverse ensuite le bois de la Dame et, après un détour, passe entre Braux, situé sur la rive gauche, et Levrezy, situé quelques pas plus loin sur la rive droite. Ce sont encore deux centres industriels importants. Les pièces de carrosserie et de wagons qui se fabriquent à Braux ainsi qu'à Château-Regnault et à Bogny sont renommées.

A Levrezy, sur la berge, flânait ou dormait une quantité de chiens qui nous parut considérable pour l'endroit. De temps en temps sortait d'une maison un chien haletant; ce chien en éveillait un autre qui, à pas lents et la queue basse, se dirigeait d'un air résigné vers la maisonnette d'où le premier s'était élancé. Nous demandâmes la raison de ce manège. On nous dit que Levrezy avait la spécialité des clous pour les fers à chevaux, et que ces chiens servaient à faire tourner la roue des cloutiers par un système analogue à celui des anciens tournebroches. Chaque animal met en mouvement cette espèce de *tread-mill* pendant un temps déterminé, et, l'heure finie, il va susciter son remplaçant avec une régularité que l'horloge la mieux réglée ne dépasserait pas. C'est pourquoi il y a tant de chiens sur la plage de Levrezy. Joseph Stevens trouverait là d'excellents sujets de tableaux, lui qui sait si bien saisir et rendre les physionomies canines dans leurs différentes expressions.

On descend toujours entre de hautes collines schisteuses dont les pentes sont drapées de taillis de chênes d'un vert sombre qui prend dans le lointain des teintes violettes. L'eau de la Meuse, très limpide à cette saison de l'année, reflète ces verdures foncées et ressemble aux eaux reproduites par le miroir noir dont se servent les paysagistes. L'aspect général, quoique pittoresque, est sévère et rappelle le ton intense de certains sites aux bords des lacs de Suisse, où dominent le vert et le bleu froids; mais un rayon de soleil se glissant à propos suffit pour égayer cette tristesse grandiose. Bientôt, fermant pour l'œil le bassin de la Val-Dieu, se dessine à l'horizon une montagne bizarre nommée les *Quatre-Fils-Aymon;* elle doit ce sobriquet à quatre mamelons rapprochés les uns des autres comme des cavaliers à cheval sur la même monture, qui semblent enfourchés sur son échine et qui rappellent vaguement, en y mettant beaucoup de bonne volonté, à travers les brumes matinales ou les lueurs douteuses du crépuscule, les quatre preux chevaliers montés à la file sur le bon cheval Bayard, dont une pareille charge ne courbait pas les reins solides, et tels qu'on les voit représentés sur la couverture de la *Bibliothèque Bleue*, avec des casques de pompier, pour les mettre à la mode du jour.

Un peu plus bas que les Quatre-Fils-Aymon, une autre roche figure, d'une façon plus ou moins juste, leur méchant cousin Maugis. Autrefois une large table de pierre se tenait équilibrée en façon de dolmen sur cette roche. Était-ce un jeu de la nature? un monument druidique? C'est ce qu'il est impossible de juger aujourd'hui. La pierre, que des bergers et de vieilles femmes prétendent avoir vue, n'existe plus maintenant. Des cantonniers stupides l'auraient brisée en morceaux pour combler quelque ornière de chemin vicinal, ou plutôt pour s'assurer s'il n'y avait pas quelque trésor enfoui dessous, car les croyances populaires rêvent des richesses cachées sous ces monuments bizarres dont on ne s'est jamais bien expliqué l'usage.

Du reste, la légende des Quatre Fils Aymon remplit toutes les Ardennes. Les noms de Renaud, d'Allard, de Guichard et de Richard y sont toujours connus. L'histoire a essayé de faire rentrer dans son domaine ces héros fabuleux sortis du cycle carlovingien; mais le souvenir du bon cheval Bayard qui portait les quatre frères est le plus vivace. Il n'est pas mort, car c'était une bête enchantée. On l'entend encore, à certaines époques, hennir et piaffer dans la forêt. Quelques-uns même prétendent l'avoir vu traverser la clairière au galop, la queue et la crinière au vent, et sauter du haut d'un pont dans la Meuse pour s'y baigner. Renaud a eu l'honneur d'être mêlé par l'Arioste à l'épopée du *Roland furieux*, où il cherche les aventures en compagnie de sa sœur Bradamante, et Ludwig Tieck, le conteur romantique, a traduit en allemand la belle et divertissante histoire des Quatre Fils Aymon.

Château-Regnault a aussi sa légende, et l'on y parle encore du bon chevalier Renaud qui joua tant de tours à Charlemagne, et qui, de chevalier devenu maçon, portait sur son dos d'énormes blocs pour bâtir la cathédrale de Cologne. Ce château, qui donna son nom à la ville, n'a pas laissé de trace. Ce n'est pas, comme on pourrait le croire, le bon chevalier Renaud qui l'a bâti, mais bien un architecte qui s'appelait Rainaldus. Sa construction ne remonte pas, d'ailleurs, plus haut que 1227, et les quatre frères, s'ils ont existé, devaient vivre vers 700 ou 750 environ, si l'on peut appliquer une exacte chronologie à des héros de roman. Mais quelle persistance a la légende, cette histoire du peuple, et quel chemin a fait l'ancien roman de Huon de Villeneuve, modifié par la version germano-belge! Maintenant rentrons un peu dans la réalité. Après Château-Regnault, la Meuse file droit pendant un instant au pied de croupes vertes, puis elle reçoit la Semoy, rivière charmante, espèce de torrent qui, depuis sa source à Arlon, coule sur des rochers, et dont l'eau de cristal persiste, pendant plusieurs kilomètres, à ne pas se mêler à l'eau plus sombre de la Meuse, comme un fil de paillon brillant qu'on distingue sur le ton mat d'une étoffe. L'endroit ravissant où la Semoy se jette dans la Meuse, au bout de la vallée charmante que son cours a creusée, s'appelle le Val-Dieu. Là s'élevait une abbaye célèbre fondée vers le milieu du xiie siècle par Viter, comte de Rethel. Méhul y passa une grande partie de sa jeunesse et y apprit la musique sur l'orgue de l'église.

Le Val-Dieu, où aujourd'hui des forges considérables envoient au ciel leurs nuages de fumée, se relie à Monthermé, situé à droite et à gauche de la Meuse. La partie de droite du village est échelonnée en espalier sur le penchant de la montagne. Un de ces ponts suspendus en fil de fer comme on en voit beaucoup entre Sedan et Givet la rattache à l'autre rive.

Quoiqu'ils soient, certes, une ingénieuse invention de l'industrie moderne et facilitent à moindres frais les communications entre les bords d'un fleuve, nous avouons, en toute humilité, que ces ponts suspendus nous plaisent médiocrement, et que nous leur préférons les anciens ponts de pierre et même de bois. Ce maigre fil d'araignée tendu d'une rive à l'autre, et sur lequel les passants ont l'air de mouches équilibristes, ne produit pas dans le paysage un effet pittoresque. Les piles de pierre, les arches dorées ou noircies par le temps, encadrant l'eau bleue ou verte de leurs courbes, nous plaisaient bien davantage. Ces ponts, baignant leurs pieds dans le fleuve, ont une apparence solide à l'œil, tandis que les ponts en fil de fer ne sont solides que pour l'esprit; leurs linéaments frêles inquiètent le regard, mais ils offrent des débouchés à l'industrie métallurgique; ils se construisent vite, coûtent moins cher et n'offrent pas tant de prise aux crues d'eau et aux débâcles. Voilà bien des raisons qui militent en leur faveur dans ce siècle positif; mais nous, qui ne sommes qu'un pèlerin de l'art, un poëte et un rêveur, ami des vieilles ruines, des choses pittoresques, fort modérément épris des nouveautés, on nous pardonnera notre peu d'enthousiasme à l'endroit des ponts suspendus.

A Monthermé, nous fûmes surpris par une harmonie étrange; un aigre son de cornemuse nous arrivait de l'autre côté de l'eau accompagnant une sauvage chanson des Abruzzes qui faisait aboyer tous les chiens. C'étaient des pifferari. Comment étaient-ils venus jusque-là ?

Après Monthermé, situé à l'extrémité d'un coude énorme, la Meuse décrit une nouvelle courbe et arrive à Deville, où sont des ardoisières importantes sur la rive gauche; elle passe ensuite devant Les Communes, rive droite, traverse Laifour, où se trouve une source ferrugineuse qui, dit-on, pourrait bien un jour faire parler d'elle, passe sous le beau pont oblique du chemin de fer, et enfin vient baigner les pieds des Dames de Meuse. C'est un des endroits les plus pittoresques que présente le cours du fleuve. Les collines des rives se sont escarpées en montagnes revêtues d'arbres de la base au sommet, entre lesquelles l'eau se creuse son lit profond. Parmi les arbres se montrent çà et là des blocs de rochers, taches grises sur ce rideau de noire verdure que réfléchit, dans son miroir sombre, le courant du fleuve. La fraîcheur et l'ombre donnent à la végétation des rives une force singulière. Les Dames de Meuse s'élèvent à une grande hauteur par une pente abrupte, et leurs cimes mamelonnées se détachaient ce jour-là en vigueur sur un ciel d'un bleu léger d'une grande finesse, qui faisait valoir leurs robustes masses. Le site est sauvage, mais non sans grâce. Il y a de la douceur dans ces courbes de montagnes veloutées de feuillages. Au pied des Dames de Meuse il existe un barrage qu'on peut suivre jusqu'à une plate-forme située à peu près au milieu du courant et d'où l'on voit l'eau sur une ligne demi-circulaire former une chute d'une beauté merveilleuse. La masse d'eau arrive sans un remous, sans un bouillonnement, sans une seule bulle crevant à sa surface, et se précipite d'un bloc comme une immense volute de verre noir que brode une frange régulière d'écume plus blanche que l'argent. Rien de plus simple et de plus beau. Ce n'est pas le tumulte ordinaire et le désordre pittoresque des cascades où l'eau mousse et rebondit à travers les rochers, mais une eau qui s'épanche avec une rapidité irrésistible et douce qui emporterait un bateau comme un fétu de paille.

Après avoir assez longtemps considéré ce spectacle, nous allâmes reprendre notre chaland qui nous attendait au bout du canal. La Meuse passe devant le village d'Anchamps et commence à décrire cette énorme sinuosité qui, revenant sur elle-même, dessine à peu près la forme d'un jambon. Dans le manche de ce jambon on a percé un tunnel qui épargne aux bateliers plus d'une journée de navigation. Sous cette longue voûte il se produit des effets d'optique assez étranges : à mesure que l'on s'y enfonce la lumière diminue, mais elle ne s'éteint pas. Le jour est remplacé par une espèce de reflet bleuâtre comme celui de la grotte d'Azur. Les ailes des chauves-souris qu'effrayait le passage du bateau accrochent quelque rayon oblique qui les fait briller comme des paillettes d'argent. Aux parois de la voûte que tapissent des stalactites d'infiltrations s'allument soudainement des scintillations diamantées; le batelier, debout à la proue de la barque, semble illuminé d'une lueur électrique, et quand, au débouché du tunnel, on se retrouve en plein soleil, les yeux ont besoin de quelques minutes pour s'habituer à la gamme naturelle des couleurs.

Revin, où nous devions coucher, se trouve au bout de cette voûte. C'est une petite ville assez curieuse qui garde encore quelques maisons anciennes, une vieille église et un couvent de dominicains en ruine. La position, sur une presqu'île de la Meuse, en est charmante. Deux ponts suspendus la relient aux rivages opposés. Des montagnes, dont l'une n'a pas moins de 430 mètres d'élévation, l'entourent et lui donnent quelque ressemblance avec ces gros bourgs industrieux qu'on rencontre au fond des vallées de la Suisse. Revin est riche; on le devine aisément à son air d'animation, à la propreté de ses rues et à ses nombreux jardins dont on entrevoit les verdures.

Notre auberge, placée à l'un des bouts de la ville, près d'un des ponts dont nous avons parlé, avait pour enseigne : « A la Flottille, » et la pancarte de tôle barbouillée sauvagement ne fait pas, il faut le dire, beaucoup d'honneur à l'artiste. Della Bella, Backhuysen, Van de Velde, Joseph Vernet, Isabey et Gudin font beaucoup mieux les navires et les barques; ce qui n'empêcha pas le dîner d'être excellent, très proprement servi et arrosé d'une façon irréprochable.

Bien repus, nous nous couchâmes tout fiers d'avoir mis une grande journée d'été à faire, avec une allure de galiote ou de coche, une route qui n'eût pas demandé plus de deux heures en chemin de fer. Octave Feuillet, qui n'aime pas la rapidité vertigineuse des locomotives, et qui met huit jours à venir de Saint-Lô à Paris, eût été content d'une telle manière de voyager.

Notre chaland nous attendait amarré au quai,

non loin du pont suspendu; on attacha au bout de la corde notre remorqueur primitif, qui donna un coup de collier et fit glisser le lourd bateau dans l'eau brillantée par les fraîches lueurs du matin.

Au sortir de Revin se creuse une étroite vallée nommée le *Fond des Banges*. Si l'on pénètre dans cette vallée, on arrive bientôt au bois des Marquisades, à un carrefour formé par quatre sentiers qui conduisent aux Masures, à Anchamps, à Laifour et à Deville. Ce carrefour est précisément le théâtre qu'a choisi, pour ses apparitions nocturnes, un fantôme local appelé le *Bayeux*, ce qui, en patois du pays, signifie criard.

Le voyageur attardé qui passe, hâtant le pas, dans ce lieu maudit quand minuit tinte au clocher de quelque église lointaine, est certain d'entendre des cris de détresse comme en pousserait un malheureux qui se noie, cris de chouette, disent les esprits forts du pays, mais qui n'en font pas moins frissonner les plus braves. Le plus sûr est de faire le signe de la croix en invoquant son bon ange. Sans cela le fantôme a prise sur vous. Ce cri, d'abord éloigné et semblable à un râle de mourant, se rapproche. Une poitrine d'ombre, dont vous croyez sentir le souffle glacé, le pousse tout près de vous, presque à votre oreille. Un bras mouillé et froid vous entoure et, avec une force inéluctable, vous entraîne à travers les ronces, les halliers, les fondrières; puis le bras vous quitte. Le jour approche, et le coq le salue de cette voix perçante qui met les spectres en fuite. Et vous revenez à vous brisé de fatigue, mourant de peur, transi de froid sur le bord d'un étang, demeure du Bayeux, et près duquel les habitants des Masures ne passent jamais sans dire tout bas une prière.

Toute légende cache une histoire. Derrière la fiction, il y a un fait; derrière le spectre, il y a un homme. Le Bayeux, en son vivant, était un paysan nommé Nicolas Mochet. Ce nom, qui veut dire émouchet, allait bien à son caractère rapace, à ses yeux allumés de convoitise, à son nez crochu comme un bec d'oiseau de proie. Nicolas Mochet était un de ces usuriers de campagne près de qui l'Harpagon de Molière semblerait un enfant prodigue. Le liard du pauvre, le denier de la veuve, la pièce d'or du riche, il prenait tout. Il se serait payé, comme Shylock, avec la chair des débiteurs. Jamais il n'avait rendu un service à personne; il ne s'était pas marié de peur d'avoir une famille. Des enfants, cela mange! Et il vivait seul accroupi sur ses sacs d'argent. Un jour, il voulut conclure un marché avec un paysan plus rusé et plus madré que lui encore. La scène se passait au cabaret, et de nombreuses chopes de bière arrosaient la discussion. En s'en allant Mochet eut cette conviction, aussi douloureuse pour son intérêt que pour son amour-propre, qu'il avait été la dupe d'un plus fort que lui. C'était au mois d'octobre, par un de ces jours grisâtres où la nuit descend vite et où le brouillard monte de la terre humide, jetant ses fumées à travers les squelettes des arbres dépouillés de feuilles. Sous ces flocons cotonneux qui s'accrochent aux branches, flottent au-dessus des mares, s'étendent comme des rideaux au bout des allées, le sentiment des distances et des localités se perd. Les endroits les plus connus changent d'aspect; les sentiers s'embrouillent et vous ramènent au point de départ. On ne sait plus où l'on est. Troublé par la colère et par l'ivresse, Nicolas Mochet s'égara bientôt; jurant, maugréant, se déchirant les jambes aux ronces, la figure souffletée des branches, tombant dans les fossés pleins d'eau, les vêtements en loques, il se trouva bientôt au plus épais du bois, ne pouvant ni avancer ni revenir sur ses pas. Sa rage s'exhala en blasphèmes horribles et il se donna cent fois au diable. S'étant un peu dégagé, il déboucha dans une espèce de clairière au fond de laquelle tremblotait vaguement, à travers la brume, une lumière rougeâtre comme celle qui brille la nuit à la vitre d'une habitation, auberge ou chaumière. Mochet marcha longtemps sans atteindre l'étoile qui reculait devant lui. Quand il en fut tout près, il reconnut que c'était une *lumerotte* (un feu follet) qui se moquait de lui et l'avait attiré dans un marécage. Les plantes aquatiques ployaient sous les pieds du misérable; l'eau remplissait ses chaussures; la vase, cédant à la pression de son poids, lui montait déjà jusqu'aux genoux; il s'enfonçait, s'enfonçait dans la bourbe liquide, et, au-dessus de sa tête, tournoyait un essaim de *lumerottes* jetant des reflets bleus et verts comme les flammes du punch. Lorsque l'eau atteignit sa bouche crispée, il poussa un suprême cri de détresse, et c'est ce cri qu'on entend chaque jour, à minuit, au carrefour de la forêt.

Mochet, devenu le Bayeux, sort de son étang, pousse son cri et promène à travers les bois et les marécages ceux qui ne sont pas en état de grâce ou qui ne font pas le signe de la croix; mais là se borne son pouvoir. Il n'a pas la permission de noyer ceux qu'il fait dévier de leur route, et il faut qu'il les abandonne au bord de la mare où il replonge, mouillés, fourbus, évanouis, mais vivants.

Avant de perdre de vue Revin, mentionnons encore une petite légende locale, mais qui n'a rien de fantastique; il existe à Revin et à Fumay un dépôt de vieilles arquebuses provenant de Charlemont et donné par Charles-Quint, qui jadis fut seigneur de ces lieux. Ces arquebuses antiques, dont les deux villes sont extrêmement fières, reposent paisiblement toute l'année dans quelque armoire ou suspendues aux manteaux de cheminée chez les heureux mortels qui les possèdent. On les tire de leur coin les jours de fête et de kermesse, et les arquebusiers, formant compagnie, chargent sur leurs épaules ces lourdes armes plus pesantes que des mousquets de rempart. Chaque arquebusier marche un peu au hasard, revêtu d'un costume de fantaisie et traînant après soi, sonnant à grand bruit sur le pavé, la fourchette de fer qu'il faut planter en terre pour appuyer l'arme quand on fait feu. La grande adresse consiste à s'esquiver promptement pour éviter le recul de la crosse qui vous briserait la mâchoire. Des tambours précèdent les arquebusiers, et les chefs de la bande, ceints d'une écharpe bleu de ciel, coiffés d'un claque surmonté d'un immense plumet rouge, brandissent fièrement une innocente épée. Le cortège fait de nombreuses pauses ; les libations exaltent l'enthousiasme. La poudre est prodiguée d'une main trop généreuse, et chaque année quelque arquebuse chargée jusqu'à la gueule éclate et reste sur le carreau. La mousquetade ne s'arrête pas de la journée : le matin, salve pour annoncer l'ouverture de la fête ; salve pendant la messe pour l'élévation ; salve après la messe pour la procession ; salve pour vêpres ; salve pour chaque officier qu'on reconduit à la maison ; salve pour le drapeau ; salve pour la fermeture de la kermesse. Toutes ces pétarades expliquent comment, de quatre-vingts arquebuses que possédait chaque compagnie il y a une trentaine d'années, il en reste à peine le quart.

De Revin à Fumay, les rives de la Meuse sont presque désertes. A peine voit-on çà et là quelques cabanes de pêcheurs ou quelque maison d'éclusier. C'est la partie la plus sauvage du parcours. On croirait descendre un de ces fleuves du nouveau monde dont les eaux solitaires sont sillonnées seulement par les pirogues des Indiens. Mais bientôt la civilisation reparaît ; des trains de bois, descendus de la montagne, suivent paisiblement les sinuosités du courant comme des îles flottantes. Fumay est renommé pour ses ardoisières, dont la plus productive est celle du moulin Sainte-Anne.

En face de Fumay, sur la rive droite, s'élève le rocher de la Luve, qui barre le cours du fleuve et le force à se rejeter de l'autre côté en décrivant la courbe qui forme la presqu'île de Fumay. Le rocher s'avance tellement dans l'eau, qu'il a fallu couper dans sa masse le chemin de halage. Rien de plus âprement pittoresque que cette roche énorme, d'un ton grisâtre, striée de profondes fissures, rouillée et délavée par la pluie, plaquée de mousses, pleine d'anfractuosités et d'accidents à tenter le crayon du peintre ou l'appareil du photographe. A peu près au milieu du rocher on distingue d'en bas une tache noire qui s'ouvre comme une bouche d'ombre dans ce gigantesque masque de pierre. Un mince fil blanchâtre rayant le flanc de la montagne conduit à cette caverne. C'est un sentier praticable seulement pour les chèvres et pour les fous. Aussi menait-il à la demeure d'une folle. Dans ce trou vivait, comme une sachette du moyen âge, une pauvre vieille femme dont un chagrin d'amour avait fait évaporer le bon sens. La raison s'en va tout aussi bien par une fêlure du cœur que par une fêlure du cerveau. Elle restait là-haut par les temps les plus âpres, dormant sur un lit de feuilles au bord de l'abîme, n'ayant d'autre société que des souris apprivoisées qui se blottissaient familièrement dans ses haillons, n'entendant d'autre bruit que le gémissement sourd du fleuve qui se brise au pied de la falaise et le croassement des corbeaux qui tournent autour du sommet aride, comme les noirs oiseaux qui font des cercles au-dessus de la montagne de Kayserslautern, où dort l'empereur Frédéric Barberousse. Quand la pauvre vieille descendait vers les habitations des hommes, les enfants, engeance cruelle, la poursuivaient de leurs criailleries, et la folle remontait à son nid outrée d'indignation qu'on insultât ainsi, dans sa majesté, la reine de la montagne, car elle se croyait, comme tous les aliénés, de la plus haute origine. Charenton et Bedlam ne sont peuplés que de dieux, de héros, d'empereurs, de rois, de reines, de princesses, de soleils et de lunes. Aucun fou ne s'imagine être un chiffonnier ou un mendiant.

A Fumay, sous les magnifiques tilleuls du Bâtis, s'élève une chapelle dédiée à saint Roch. Un des clous qui maintiennent la serrure brille comme un diamant parmi ses confrères ternes et rouillés. Il doit cet éclat aux baisers que viennent lui appliquer les jeunes filles dès que leur âge leur permet d'atteindre à cette hauteur. Elles espèrent, par cette dévotion, se procurer un mari. Ainsi, à Saint-Pierre de Rome, le pouce de bronze du saint est presque usé par la ferveur des fidèles qui lui baisent le pied. L'ancien Jupiter, transformé en porte-clefs du paradis, doit sourire dans sa barbe d'airain de cette naïve adoration.

En quittant Fumay, la Meuse passe à Haybes, à Fépin, à Montigny et s'en va séparer Vireux-Molhain, rive gauche, de Vireux-Vallerand, rive droite. L'aspect du pays change, les montagnes s'abaissent, les berges s'aplanissent, l'horizon s'élargit; ce n'est plus cet aspect verdoyant et sombre particulier aux Ardennes.

Après Vireux, la Meuse rencontre Aubrives, Ham, revient, par un long crochet, à la hauteur de Vireux, redescend, remonte et arrive enfin au pied de Charlemont, puis entre dans Givet qu'elle partage en Grand et Petit-Givet. Ce voyage ne s'est pas accompli sans de nombreuses stations aux écluses, qui corrigent le cours inégal et capricieux du fleuve.

Les grands rochers de granit que couronnent de leurs lignes, un peu froidement correctes, les défenses du fort de Charlemont, ont beaucoup de caractère. Le rempart y continue la roche avec un aspect d'inébranlable solidité. Une tour ronde, coiffée d'un toit pointu et où s'appuie la muraille du quai bordé de maisons assez pittoresques et de bouquets d'arbres, réfléchit sa silhouette dans la Meuse qui s'étale là tout à son aise. Une longue caserne se développe au bord du fleuve, que traverse plus loin un pont reliant le Grand-Givet au Petit-Givet, dont les constructions font bonne figure à cette distance, éclairées par un gai soleil couchant.

Givet, comme le fait remarquer Victor Hugo

dans ses lettres sur *le Rhin*, eut l'honneur de fournir à Sa Majesté Louis XVIII son dernier mot d'ordre et son dernier calembour : « Saint-Denis, Givet. » Nul autre de sa race ne devait aller désormais à Saint-Denis, et cette plaisanterie funèbre, commentée après coup par les événements, a pris un sens fatidique. Givet est une jolie petite ville, propre, régulière, un peu serrée dans son étroit corset de fortifications comme toutes les villes de guerre. Elle s'est répandue, pour respirer plus à l'aise, sur l'autre bord du fleuve. On y sent déjà, à certaines particularités, l'approche de la Belgique. Le goût flamand se dénonce dans la fantaisie bizarre qui a élevé le clocher de l'église principale. Ce sont ces renflements bulbeux, étranglés et se contournant de nouveau en formes rondes pour s'élancer ensuite en aiguille où s'embroche un coq, comme on en voit sur les églises belges, et qui semblent plutôt l'ouvrage d'un tourneur que d'un architecte.

L'hospitalité nous fut offerte dans une très bonne auberge où a couché l'auteur d'*Hernani*, et qui doit, depuis son passage, s'être approprié tout le confort de la vie moderne. Le dîner faisait honneur au chef, et au dessert, quand la conversation, animée par quelques fioles d'excellent vin, eut fait comprendre à l'hôtesse que nous étions des artistes, on alla nous chercher la grande curiosité du lieu, le célèbre tire-botte dont Victor Hugo a parlé dans *le Rhin*. C'était un instrument tout à fait primitif et sauvage sur lequel on avait collé un papier reproduisant, avec une fidélité scrupuleuse et sans atténuation aucune, les imprécations de l'illustre voyageur. Voici le passage : « Quant à ma chambre en elle-même, c'est une grande halle meublée de quatre vastes lits, avec une immense cheminée en menuiserie, ornée à l'extérieur d'un tout petit miroir et à l'intérieur d'un tout petit fagot. Sur le fagot est posé délicatement, à côté d'un balai, un tire-botte énorme et antédiluvien, taillé à la serpe par quelque menuisier en fureur. La baie pratiquée dans ce tire-botte imite les sinuosités de la Meuse, et il est presque impossible d'en arracher son pied si l'on a eu l'imprudence de l'y engager. On court risque de se promener, comme je viens de le faire, dans toute l'auberge le tire-botte au pied, réclamant à grands cris du secours. »

Non loin de Givet on rencontre la frontière belge, délimitée par un mince ruisselet. Le fleuve, sans se soucier des divisions géographiques, continue à couler entre des rives dont la droite est plus particulièrement escarpée et pittoresque. D'énormes rochers de formes tourmentées et bizarres dressent leurs cimes tantôt dénudées, tantôt chevelues, avec des froncements et des rictus farouches. De larges crevasses, d'où les pluies ont emporté les terres désagrégées, sillonnent parfois, du sommet à la base, les rocs formidables et les isolent comme les tours et les remparts d'une forteresse démantelée. Il y a là de belles études à faire pour les peintres, et nous sommes étonné que l'art n'ait pas mis à profit plus souvent ces superbes modèles qui tiennent si bien la pose et ne se font pas payer leurs séances. Aux endroits moins abrupts, la végétation verdoie et les arbres se groupent par masses ou s'étendent en rideau. D'élégantes habitations, des maisons de plaisance, des châteaux s'élèvent sur le bord du fleuve, et, parmi eux, se fait remarquer la résidence princière de M. le comte de Beaufort.

En suivant les méandres du courant, on arrive bientôt en face de la Roche-à-Bayard, une énorme aiguille de rocher dont le pied trempe dans l'eau et dont la cime est surmontée d'une girouette dorée, sans qu'on puisse trop comprendre comment on a pu l'aller planter là. Cette aiguille est détachée d'un immense bloc de rochers par une profonde déchirure semblable à ces entailles que faisaient autrefois aux montagnes les épées des paladins. A sa base, comme au pied des clochers gothiques, s'est plaquée une maison de deux étages qui sert d'échelle pour mesurer sa hauteur, laquelle est considérable. Quelques autres maisons, disséminées sur la rive, au bas de la falaise, en donnent la proportion, qu'on peut évaluer à huit ou neuf cents pieds. La route de Givet passe, entre l'Aiguille-à-Bayard et la montagne, par une coupure qui n'est guère plus large que le fameux défilé de Pan-Corvo, en Espagne.

Ce nom rappelle sans doute quelque prouesse du bon cheval Bayard, la monture des Quatre Fils Aymon, qui faisait des sauts de cinq kilomètres et qui, peut-être, escalada cette roche inaccessible. C'est aux environs de l'Aiguille-à-Bayard que se réfugièrent, dans une caverne de voleurs, Renaud avec ses trois frères, Allard, Guichard et Richard, poursuivis par les troupes de Charlemagne, dont Renaud avait tué le fils Berthelot. Ils vécurent là à peu près avec les mêmes ressources que leurs prédécesseurs, jusqu'à ce qu'ils eussent relevé les ruines du château de Montfort, où ils soutinrent un long siège contre l'armée du vieil empereur *à la barbe florie*. A chaque pas, dans les Ardennes françaises ou belges, on rencontre cette légende, car jadis l'immense forêt s'étendait sur les deux pays. Shakspeare, dans son immortelle comédie de *Comme il vous plaira*, y plaçait des lions et des palmiers. C'était un espace fabuleusement vague, où la fiction se mouvait en toute liberté.

A peu de distance de la Roche-à-Bayard, sur le même côté du fleuve, se présente Dinant, dont la physionomie a une certaine fierté pittoresque. Un immense bloc de rocher, que couronne une citadelle aux remparts anguleux, la domine et ne lui laisse qu'un étroit espace entre la muraille à pic et la berge de la Meuse. La cathédrale, édifice gothique du xive ou du xve siècle, aux faîtages aigus, aux meneaux flamboyants, dont la nef principale n'a pas moins de cent pieds de haut, a manqué de place pour arrondir son chœur, qu'il eût fallu creuser dans le roc. Le clocher affecte cette forme bulbeuse, ces profils de pot à l'eau si chers aux architectes flamands; mais l'effet général est assez agréable par son originalité. On réparait en ce moment la cathédrale, et nous n'avons pu juger le mérite de la façade qu'enveloppait une charpente très compliquée. Nous avouons que les échafaudages nous plaisent. Ces entrelacements de soliveaux et de poutrelles, ces escaliers aériens, ces planchers suspendus forment une sorte d'architecture bizarre dont l'ordre n'a pas été classé par Vignole, mais que nous trouvons parfois plus amusante que l'architecture réelle. Cela soit dit sans arrière-pensée contre la façade de la cathédrale dinantaise. On y remarque une ancienne porte, aujourd'hui condamnée, dont les bas-reliefs assez frustes semblent, par la rudesse primitive de leur travail, indiquer une date antérieure de deux siècles à la construction du reste de l'église. Un peu en avant du vieux pont de six arches qui traverse la Meuse à cet endroit, une élégante prison à tourelles donnerait presque l'envie de s'y mettre en pension; mais, si belle que soit la prison, la perte de la liberté suffit à punir le coupable. Il reste encore çà et là quelques vieilles maisons parmi les constructions modernes qui bordent le quai. Leurs étages en surplomb, que soutiennent des consoles denticulées ou des poutrelles en équerre, font bon effet. A l'autre bout de la ville, un édifice singulier, avec bucranes, festons, instruments de victimaires, moitié pierre, moitié brique, donne l'idée d'un temple élevé au bœuf Apis et n'est, en réalité, qu'un abattoir et qu'une chambre de bouchers. En nous promenant dans la grande rue, nous remarquâmes de nombreuses enseignes avec cette inscription : « Fabrique de couques. » Les couques, pour ne pas vous faire languir, sont une espèce de pain d'épice particulière à Dinant.

Après avoir vainement essayé de fréter, pour nous seuls, le bateau à vapeur qui flânait le long du quai, ses chaudières éteintes, son tuyau à demi penché comme un honnête pyroscaphe qui se repose, car le chaland la *Beauté* était trop pesant pour manœuvrer dans cette partie difficile du fleuve, nous résolûmes de gagner Namur en calèche. Comme la route côtoie presque toujours la Meuse, nous ne perdîmes pas beaucoup de sites pittoresques en prenant la voie de terre. Nous pûmes voir les vieilles tours de Montorgueil et de Crèvecœur, et plus loin les ruines de Poilevache couronnant un immense rocher aux stratifications bizarres, plaquées de verdure aux endroits les moins escarpés. Poilevache est un *burg* croulant et démantelé d'où les Quatre Fils Aymon ou quelques seigneurs plus authentiques s'élançaient pour enlever les bestiaux dans la plaine. Nous vîmes aussi le grand banc de rochers de Profondeville, au bas desquels s'ouvre la bouche noire d'une carrière en exploitation, dont les blocs extraits et taillés attendent sur la rive que les chalands les viennent prendre. Plus loin se dresse le rocher de Frêne, un bloc vraiment titanique, qui recèle en ses flancs une caverne de forme ogivale ressemblant assez à une église, où une tradition locale veut que les chrétiens des premiers temps aient célébré leur culte.

Tout ce passage du fleuve est assez tumultueux,

plein de rapides, de barres et de remous, et ce n'est plus l'aspect de la Meuse française coulant limpide et sombre entre ses deux rideaux de hautes collines boisées. Sur le bord de la route, enfouies dans les feuillages, se laissent deviner de riches habitations roses ou blanches, avec tout l'éclat du luxe moderne, ou des castels plus anciens, aux tours enveloppées de lierre qu'on aperçoit derrière un saut-de-loup, vestige de la douve desséchée au bout d'une verte pelouse de ray-grass.

En quelques heures nous arrivâmes à Namur, au trot allongé et soutenu des deux bons chevaux qui nous traînaient. Le soleil était encore haut sur l'horizon, et nous eûmes le temps de parcourir la ville avant de rentrer à l'hôtel pour souper. Les villes fortifiées ne sont pas ordinairement très pittoresques : les exigences du génie en gênent le développement, et la fantaisie ne s'accommode guère de ces angles et de ces rectangles qui ont remplacé les pittoresques fortifications du moyen âge. Cependant la Sambre et la Meuse ouvrent dans la ville deux percées qui forment des échappées de vue dont le pinceau d'un Van der Heyden tirerait bon parti et ferait d'agréables tableaux. Les maisons, quand elles affleurent l'eau et qu'une municipalité trop soigneuse ne les contraint pas à s'aligner, ont toutes sortes de caprices de construction amusants. Le souvenir de Venise nous vient tout à coup à l'esprit et suffit pour poétiser une ville. La cathédrale est une grande église en style jésuite, élégante et riche, sans doute, mais qui ne laisse pas au touriste une impression bien vive.

En allant au hasard à travers les rues, comme c'est notre coutume, nous avons remarqué, suspendues aux fenêtres, une grande quantité de cages contenant des pinsons auxquels on crève les yeux pour que rien désormais ne les distraie de leur chant. Ces pauvres oiseaux aveugles, se heurtant contre les barreaux de leur prison avec des mouvements lourds et gauches, nous inspirèrent une profonde pitié. Oter à cet être ailé la lumière, l'espace, le mouvement, le plonger dans une nuit horrible, lui retirer le ciel, la verdure, l'horizon, quelle barbarie! quelle cruauté! et cela pour quelques reprises de plus aux combats de chant qui passionnent la Belgique comme les combats de coqs passionnent l'Angleterre.

Le lendemain, un de ces fils que le littérateur emporte toujours à la patte lorsqu'il s'envole de Paris, nous ayant donné la secousse de rappel, il nous fallut reprendre le chemin de fer et parcourir à toute vapeur la distance que nous avions mis trois jours à franchir. Le soir même, nous rentrions dans la grande ville, et nous apercevions l'arc de l'Étoile, porte cochère gigantesque de l'avenue qui mène à notre humble logis de poëte.

1867.

LE MONT BLANC

LE MONT BLANC

I

Vers la fin de mai, une voiture partit d'une villa située près de Genève, emmenant une petite caravane de voyageurs unis par les liens du sang et de l'amitié. Cela ressemblait au départ pour la promenade de la comtesse dans *Tevérino*. Malgré les prédictions de tous les météorologistes, le temps était beau, et la matinée fraîche annonçait une claire journée. Que de fois déjà nous avions formé le projet d'aller mettre notre carte à ce mont Blanc, dont la cime nous apparaissait de la terrasse de la villa par une échancrure de montagnes, et auquel nous devions une visite de voisin! Rien de plus simple, mais ce qui est facile ne se fait pas.

Chêne fut bientôt dépassé, et le mont Salève, que Voltaire injurie, nous laissa voir son revers moins aride, moins zébré de couches géologiques ; on traversa la Menoge, une petite rivière torrentueuse qui se jette dans l'Arve, sur ce beau pont dont les deux rangs d'arches superposées rappellent les aqueducs romains. Mais nous avons déjà parlé de ce pays autrefois, et l'inconnu pour nous ne commença qu'à Bonneville. Une grande place avec des arcades sur un côté en occupe le centre. La prison domine les toits de ses tourelles et prend des airs de forteresse, et l'église, décorée à l'intérieur de feintes architectures exécutées à fresque, sent déjà l'Italie par le luxe de fleurs en papier et le clinquant de ses autels. On y devine, à cette profusion d'ornements naïfs, une dévotion plus passionnée que celle des contrées du Nord.

Nous devions déjeuner à Bonneville et y laisser reposer nos chevaux, n'ayant aucune hâte d'arriver, et, contrairement à l'esprit du jour, désirant rester le plus longtemps possible en voyage. A quoi bon traverser au vol les plus beaux sites du monde?

La principale rue de Bonneville aboutit à un pont d'apparence assez monumentale. A son extrémité se dresse une colonne surmontée d'une statue d'élégante tournure. Ces stylites de pierre, de marbre ou de bronze font toujours bon effet ; l'air les enveloppe, adoucit leurs contours et leur donne de la sveltesse. Le soubassement de la colonne porte des inscriptions latines marquant que, sous le règne de Charles-Félix, les fureurs et révoltes de l'Arve furent comprimées par de solides travaux. Un bas-relief, occupant la face antérieure du socle, montre l'Arve elle-même personnifiée par une nymphe, le coude appuyé sur une urne et le bas de la jambe cerclé d'une chaîne. La rivière captive fait assez piteuse mine et semble garder rancune aux ingénieurs, d'autant plus que les années et les intempéries ont rendu ses traits frustes et fort diminué la beauté sculpturale que l'artiste lui avait donnée sans doute. Quoi qu'il en soit, cette colonne fait bien dans la perspective, au bout de ce pont, avec son second plan de maisons pittoresques et de montagnes violettes.

Si l'on s'arrête sur le pont en venant de la ville et qu'on s'accoude sur le parapet à gauche, on a devant soi un spectacle admirable et splendide ; tout un panorama de montagnes lointaines se déployait à nos yeux, chaque bande détachée de l'autre par cette vapeur bleuâtre qui monte des vallées. Sur les cimes brillaient de vives touches de neige, et, comme le paillon dans une étoffe chiffonnée, scintillaient çà et là à travers le plissement des pentes, de brusques égratignures d'argent. Comme on n'est pas feuilletoniste impunément, nous pensions qu'il y avait là le motif d'une belle décoration ou d'une superbe aquarelle.

Après le déjeuner, nous allâmes fumer un cigare sous un pavillon de verdure, à l'extrémité du jardin de l'hôtel, qui s'allongeait jusqu'au bord de l'Arve, dont l'eau blanche lavait en courant le pied de la terrasse. Une haute muraille de collines boisées arrêtait la vue de ce côté et délimitait la vallée ; mais l'endroit n'en était pas moins charmant et de la plus invitante fraîcheur.

A trois heures les chevaux étaient reposés, attelés de nouveau, et nous n'avions plus qu'à partir. Chacun reprit joyeusement sa place dans la grande berline verte, et la voiture se mit à rouler sur une route excellente, par un gai soleil dont une légère brise tempérait la chaleur.

Toute cette portion du pays est assez ouverte pour former de larges horizons, et la vallée s'y évase en plaine, que bordent à une assez grande distance d'admirables montagnes nuancées par l'éloignement de teintes idéalement suaves. Les montagnes ont cela de beau qu'elles semblent mêler à la terre l'azur du ciel et mettre comme un fond de rêve à la réalité des premiers plans.

On apercevait à gauche le Môle, et plus loin,

noyés de vapeurs bleuâtres, les Voirons, par le revers qu'on ne découvre pas de Genève; à droite, les monts Saxonnet, le mont Brezon, les monts Vergi, dessinaient dans l'air léger de molles ondulations d'une grâce tendre et presque voluptueuse, qui faisaient songer aux courbures de l'échine des sphinx nonchalamment allongés sur leurs piédestaux. La lumière se jouait à leurs cimes avec de petits nuages qui s'envolaient par flocons comme des plumes de cygne dispersées. Sur les bords de la route, ombragée à de certains endroits de noyers magnifiques, s'étalaient en pentes douces des prairies, dont le vert d'émeraude, comme le fond d'un manteau de velours sous une pluie de paillettes, disparaissait à demi sous une éblouissante profusion de mignonnes fleurs d'une vivacité de ton qui les faisait ressembler à des étincelles. Leur pénétrante et balsamique odeur nous arrivait si intense avec les bouffées de brise, qu'il semblait qu'une main invisible nous jetât au passage des bouquets dans la voiture. Parfois des vaches effrayées de notre approche se détournaient brusquement de la route et montaient dans les prés, faisant tintinnabuler la clochette suspendue à leur cou sur un rythme plus rapide. Des chars passaient, traînés par des bœufs dont les jambes torses, la démarche lente et le large front humilié sous le joug rappelaient des souvenirs d'antiquité homérique. Sous des reverdissements et des fraîcheurs d'herbe, des sources descendaient, ruisselaient et jasaient à mi-voix, produisant des cascatelles en miniature, pour retomber dans des canaux de bois qui les conduisaient à quelque but utile, comme des enfants qu'on ramène à l'école lorsqu'ils ont assez joué. Parmi des touffes de grands arbres au vigoureux feuillage, de loin en loin des maisonnettes ou des chalets se laissaient entrevoir, si abrités, si tranquilles, si confortablement rustiques, au milieu de l'explosion des fleurs, du balancement de l'ombre trouée de soleil, du babil amical et familier de l'eau, que l'imagination la moins romanesque s'y faisait des nids de bonheur et y logeait quelque plan de félicité mystérieuse en compagnie d'un être aimé.

Plus loin l'Arve, se retournant dans son lit trop large, courait tantôt entre les oseraies, tantôt entre les cailloux et les grosses pierres roulées, animant le paysage de ses eaux hâtives et formant des îles temporaires par ses courants qui se déplacent sans cesse.

On éprouve un effet de surprise en entrant à Cluses. Une place superbe se développe à vos yeux, entourée de maisons à arcades et occupée sur une de ses faces par un magnifique bâtiment en style gothique modernisé, surmonté d'un élégant campanile ou beffroi à cadran, qu'on nous dit être une fabrique d'horlogerie. Nous ne l'aurions pas deviné à l'aspect moyen âge et seigneurial de l'édifice. Une large rue, bordée de belles maisons et de riches hôtels, débouche sur cette place et donne l'idée d'une grande ville ; mais cette rue est unique, quelques ruelles seulement s'y rattachent, et, au delà d'une vieille église qui paraît abandonnée, il n'y a plus rien que quelques chalets disséminés à travers des cultures. En 1844, Cluses a été brûlée de fond en comble et rebâtie tout d'une pièce. C'est donc une ville de vingt-quatre ans, ce qui est bien jeune pour une ville. Cluses est assise au pied du mont Châtillon, à l'entrée d'un vallon d'où sort l'Arve en passant sous un pont à dos convexe, comme ces ponts d'Espagne et d'Asie Mineure sur lesquels Tournemine aime à faire défiler des caravanes.

Après quelques moments de halte à Cluses, la voiture reprit la route, qui s'enfonce dans une gorge étroite et tortueuse qu'on nomme la vallée de Maglans : c'est un couloir formé par deux murailles de montagnes qui se rapprochent ou s'éloignent plus ou moins, mais en enserrant toujours la vallée d'assez près. La muraille de gauche, en remontant le cours de l'Arve, est bâtie avec la montagne de Saint-Sigismond, la montagne de Balme et les premières assises de la chaîne des Frettes, qui vont rejoindre à l'aiguille de Varens; la muraille de droite se dresse comme un rempart continu, crénelé de quelques brèches, et sépare la vallée de Maglans de la vallée du Reposoir.

Au fond, l'Arve se joue à travers le plus délicieux fouillis d'osiers, de saules, d'herbes aquatiques, s'endormant ici en nappes tranquilles, là reprenant sa course comme pour rattraper le temps perdu, baignant de fraîcheur des touffes d'arbres, écumant contre un bloc tombé là des hauteurs, roulant jusqu'au bord de la route, ou se rejetant de l'autre côté, selon son caprice.

Le soleil éclairait le côté de la montagne dont la route longeait la base et donnait un singulier relief aux anfractuosités, aux accidents et aux déchirures de ces énormes masses presque perpendiculaires. L'autre côté baignait dans une ombre transparente, légère, glacée de lilas, qui contrastait heureusement avec les portions illuminées, et n'avait pas cette froideur qu'on peut souvent reprocher aux paysages alpestres.

Au hameau de Balme, composé de quelques chalets plantés au bas de la montagne et qui ne semblent pas beaucoup plus grands que ces chalets microscopiques enfermés dans de petites boîtes de sapin qu'on vend aux voyageurs, deux ou trois guides s'avancèrent vers notre voiture et nous demandèrent si nous ne voulions pas visiter la grotte de Balme, la curiosité de l'endroit, dont ils nous montraient l'ouverture formant une tache noire au flanc du rocher, à une hauteur de deux cent vingt-huit mètres. Nous ne nous laissâmes pas aller à cette fantaisie, car nous désirions arriver à Saint-Martin avant la fin du jour, et cette ascension, assez pénible d'ailleurs, commencée à travers les broussailles et les blocs bouleversés et continuée par un escalier taillé dans le roc vif jusqu'à l'entrée de la caverne, exige au moins deux heures. La grotte a plus de quatre cents pas de profondeur et va toujours en se rétrécissant, comme ces couloirs qu'on parcourt en rêve et dont les parois se rapprochent à mesure qu'on avance.

Un peu plus loin, des stratifications figurent d'une façon très régulière, dans l'immense muraille de la montagne, le chambranle, les pieds-droits et les vantaux d'une porte qui s'ouvrirait sur l'abîme. On dirait l'œuvre de la main humaine, et ce porche d'architecture naturelle, si bizarrement pratiqué au-dessus du gouffre, fait involontairement penser, dans un recul prodigieux du passé, au château aérien de quelque famille de Titans troglodytes. Cet essai d'architecture n'est pas le seul, et plusieurs arrangements fortuits de roches semblent dus à une volonté mystérieuse plus intelligente que le hasard.

Quelle merveilleuse variété de ton sur ces larges pans de terre redressés par les soulèvements géologiques ou mis à nu par les affaissements des vallées et le passage des eaux! Depuis la froideur des gris jusqu'aux chaleurs des ocres et des terres de Sienne brûlées, depuis le vert noir des sapins jusqu'au vert-de-gris des mousses, toutes les teintes s'y trouvent, tantôt fondues, tantôt brusquement heurtées. Ici la montagne se revêt d'un épiderme de végétation; là, dépouillée de sa peau et mise à nu comme un écorché, elle laisse voir les muscles, les veines et les nerfs de la terre.

Entre la route et les montagnes, l'espace n'est pas tellement resserré qu'il n'y ait place pour de charmants vergers et de verdoyantes cultures que traversent de limpides eaux courantes. Le soleil émaillait, d'un rayon pareil à l'or vert des buprestes, l'herbe veloutée de ces prairies que moiraient les ombres allongées des arbres. Des chalets au soubassement crépi de chaux, au vaste toit projeté en avant, aux galeries et aux escaliers extérieurs finement découpés dans le bois du sapin rouge dont le ton ressemble aux frottis de bitume de Rembrandt, jetaient leur note vive et colorée sur ce fond de fraîcheur, et faisaient, comme disent les peintres, d'admirables taches dans le paysage.

Nous approchions du saut d'Arpennaz, une cascade qui tarit ou diminue beaucoup l'été, mais que la neige, commençant à fondre aux premières chaleurs, alimentait en ce moment d'une eau assez abondante pour que l'effet pittoresque en fût complet. Nous l'aperçûmes bientôt. Des plateaux supérieurs de la montagne, entre le tumulte de grosses roches d'un gris violâtre, l'eau descendait et semblait de loin un filon d'argent incrusté dans la pierre. A distance, les cascades les plus furieuses paraissent immobiles et ont l'air de trainées de neige entre des masses de rochers. Au bord de cette pente rapide, la montagne se taille à pic et l'eau se précipite dans le vide. Il soufflait ce jour-là une brise assez forte, qui emportait la cascade et la vaporisait en fumée lumineuse. Cette fine pluie, projetée contre la paroi de la montagne, la vernissait et lui donnait un poli de marbre. Plus bas, dans un confus entassement de blocs, semblables aux restes d'un gigantesque escalier démoli, l'eau se rejoignait, et ces gouttelettes, éparses tout à l'heure au caprice du vent, formaient un torrent écumeux et tapageur qui prenait sa course vers l'Arve.

Un effet d'une beauté fantastique nous attendait à quelque distance de la cascade. Une forteresse gothique, aux remparts flanqués de hautes tours dont le pied s'engageait dans le roc, se dressait comme un burg colossal. On voit dans les montagnes comme dans les nuages à peu près ce qu'on veut, et sans être un plat courtisan comme Polonius, on peut répondre au prince de Danemark : « Monseigneur, c'est une baleine ; » ou bien : « Monseigneur, c'est un chameau. » Mais ici l'imagination et la complaisance n'avaient que faire. Le soleil éclairait en plein la rondeur des tours, les escarpements des murailles, les dentelures des moucharabys, les baies des barbacanes. Tout cela était net comme un dessin de Viollet-le-Duc lorsqu'il représente quelque château fortifié du moyen âge. La dimension seule de cette bastille gigantesque pouvait vous avertir qu'on n'avait pas devant les yeux un ouvrage de la main humaine. Les plus fiers donjons n'eussent pas atteint la première assise. Une belle couleur d'un blanc doré revêtait l'immense édifice dont le couronnement se découpait sur un grand losange de bleu pur. Bientôt quelques nuages arrivant par le revers de la montagne en débordèrent la crête et s'arrondirent en boules blanches sur la ligne des remparts et au front des tours comme des fumées de canon. Il semblait que la forteresse se défendît contre l'attaque d'une armée invisible, et nous songions, en regardant ce spectacle étonnant, à ces fourmilières de chevaliers que Gustave Doré, dans ses vignettes, lance à l'assaut de quelque burg inaccessible, et dont les blessés roulent au fond de l'abîme, pêle-mêle avec leurs chevaux.

Un détour de la route, en changeant la perspective, fit évanouir cette vision féerique, et la montagne reprit son aspect de sauvage irrégularité.

Au débouché de la vallée de Maglans, nous éprouvâmes un éblouissement d'admiration : le mont Blanc se découvrit soudain à nos regards, si splendidement magnifique, si en dehors des formes et des couleurs terrestres, qu'il nous sembla qu'on ouvrait devant nous à deux battants les portes du rêve. On eût dit un énorme fragment de la lune tombé là du haut ciel. L'éclat de la neige étincelante que frappait le soleil eût rendu noires toutes les comparaisons de la *Symphonie en blanc majeur*. C'était le blanc idéal, le blanc absolu, le blanc de lumière qui illumina le Christ sur le Thabor. Des nuages superbes, du même ton que la neige et qu'on n'en distinguait qu'à leur ombre, montaient et descendaient le long de la montagne, comme les anges sur l'échelle de Jacob, à travers des ruissellements de clartés, et, dépassant le sommet sublime qu'ils prolongeaient dans le ciel, semblaient, avec l'envergure de leurs ailes immenses, prendre l'essor pour l'infini. Parfois le rideau de nuages se déchirait, et par la vaste ouverture, le vieux mont Blanc apparaissait à son balcon, et comme roi des Alpes, saluait son peuple de montagnes d'une façon affable et majestueuse. Il daignait se laisser voir quelques minutes, puis il refermait le rideau. Ce mélange de nuages et de neige, ce chaos d'argent, ces vagues de lumière se brisant en écume de blancheur, ces phosphorescences diamantées voudraient, pour être exprimées, des mots qui manquent à la langue humaine et que trouverait le rêveur de l'Apocalypse dans l'extase de la vision ; jamais plus radieux spectacle ne se déploya à nos yeux surpris, et nous eûmes à ce moment la sensation complète du beau, du grand, du sublime. Les montagnes, comme les poètes, ont leur jour d'inspiration, et, ce soir-là, le mont Blanc était en verve (1).

(1) Voir, page 92, la description du pont de la Menoge à laquelle Théophile Gautier fait allusion au commencement de ce chapitre. (*Note de l'Éditeur.*)

II

Saint-Martin est un petit village sur la rive droite de l'Arve, dont les édifices les plus considérables sont des hôtelleries où les voyageurs trouvent des guides, des mulets et des chars pour se diriger vers Chamonix et les montagnes environnantes. L'église se dresse sur le bord de la route, avec son clocher pointu, au milieu de son petit cimetière plein d'herbes et de fleurs, qui ne cachent pas suffisamment les dépouilles des morts, car un os de fémur perçait la terre noirâtre et eût pu servir de thème philosophique aux méditations d'Hamlet. Un beau pont traverse l'Arve, orné d'une croix monumentale où sont sculptées les armes de Savoie. Le pont franchi, une route large et bien entretenue vous conduit à Sallanches, relevée aujourd'hui de l'incendie qui la réduisit complètement en cendres le 29 avril 1840. Sallanches a substitué des maisons de pierre à ses chalets de bois et des rues rectilignes, selon le goût moderne, à ses vieilles rues pittoresquement tortueuses. Ce sont là des embellissements qu'admirent les philistins, mais qui ne plaisent guère aux artistes et aux poètes. On pousse ordinairement jusqu'à Sallanches, d'où on a une vue superbe du mont Blanc. Mais nous restâmes à Saint-Martin, nos chevaux ayant fait une assez longue étape, et nous-mêmes n'étant pas fâchés de nous asseoir devant une table bien servie, car l'air vif des montagnes aiguise l'appétit, et notre déjeuner de Bonneville n'était plus qu'un bien lointain souvenir.

La nuit venait, et comme ces images de toile peinte qui se répandent sur les théâtres pour donner le temps aux machinistes de préparer un décor d'apothéose, les vapeurs s'étaient élargies, rapprochées, condensées, et masquaient du sommet à la base le vieux géant couronné de neige. On n'eût pas soupçonné derrière ce voile brumeux l'étincelante montagne qui s'était révélée tout à l'heure à nos yeux avec tant de magnificence dans toutes les pompes et les gloires du couchant : un peu de fumée qui monte de terre, et voilà le roi des Alpes supprimé !

Après le dîner, nous allâmes nous promener

jusqu'à Sallanches ; mais la nuit était sans lune, et nous ne saisîmes, à la lueur des réverbères qui éclairaient la grande place, que les lignes principales des maisons neuves et les silhouettes brunes des montagnes se détachant sur l'obscurité toujours plus transparente du ciel.

Les premières lueurs du jour nous trouvèrent debout sur la terrasse de l'hôtel. Pendant la nuit, le mont Blanc avait rejeté la draperie de nuages qui le cachait et apparaissait dans sa sublime nudité. Pas un flocon de vapeur ne rampait sur ses flancs abrupts et ses fines arêtes blanches se découpaient en dents de scie sur un fond d'azur d'une pureté admirable. Il avait, à cette heure, l'aspect d'un prodigieux bloc de marbre de Carrare, tant la neige était d'un blanc solide et mat : les stries des coulées et des ravins semblaient les traces d'un ciseau qui aurait attaqué l'énorme masse pour en faire sortir une statue colossale, comme celle que rêvait Alexandre lorsqu'il voulait faire sculpter son image dans le mont Athos, tenant d'une main une ville et de l'autre versant un fleuve. Une divine beauté revêtait ces formes harmonieuses et nobles et qui font vraiment comprendre que la terre est un astre, notion qu'on oublie facilement dans la plaine transformée et défigurée par le travail de l'homme. On eût dit que l'antique Cybèle, couverte d'un vaste manteau d'hermine et le front ceint de sa couronne murale à trous d'argent, regardait, sereine et rêveuse, du haut de ce piédestal, le fourmillement lointain des éphémères.

Quoique le mont Blanc fût encore à plusieurs lieues de distance, il semblait qu'on n'avait qu'à étendre la main pour le toucher; on discernait les moindres accidents de terrain sous les ondulations de la neige, et l'œil marchait pour ainsi dire par tous ces petits chemins blancs qui rappellent les raies lumineuses rayonnant autour des volcans éteints de la lune; on eût sauté de la terrasse sur cette nappe blanchâtre immaculée, sans songer que plusieurs heures de marche en séparent.

L'air vif et frais du matin, qui s'était roulé parmi ces neiges et ces glaces, ne pouvait refroidir notre enthousiasme; mais il gelait notre corps, et nous rentrâmes pour demander les noms de ces pics et de ces aiguilles à notre guide. Ce sont l'aiguille Verte, l'aiguille du Midi, le Tacul, le mont Maudit, le sommet du mont Blanc, le dôme et l'Aiguille des Gouttes, les Aiguilles de Bionnassay, du Mièze et de Trélabite. Mais tout cela, du point de vue où nous le considérions, ne forme qu'une immense dentelle d'argent aux profondes découpures. La petite caravane émerveillée et ravie de son voyage se remit en route de grand matin et suivit un chemin remontant le cours de l'Arve, qui bouillonnait et grondait dans son lit pierreux avec une fureur joyeuse. Ses eaux sont blanchâtres et ressemblent pour la couleur à la l'eau des baquets où les statuaires mettent tremper leur terre glaise. De beaux arbres d'une verdoyante fraîcheur jetaient leur ombre sur la chaussée, que côtoyaient des sources vives ou des torrents en miniature descendus des hauteurs. A droite et à gauche se dessinaient des montagnes teintées par le plus ou moins d'éloignement de nuances azurées, gris de lin, violettes, verdâtres ou brunes. Les rayons du soleil vibraient dans l'air pur, et l'atmosphère lumineuse, dégagée de vapeurs, laissait apercevoir les moindres détails à de grandes distances, sans crudité et sans sécheresse pourtant. On parvint bientôt à une auberge-chalet où l'on s'arrête ordinairement pour aller voir une cascade dans le voisinage ; mais il faut savoir résister à ces occasions de curiosités qu'inventent les guides et ne pas se détourner de son but, sous peine de déranger les étapes et de ne plus arriver à temps nulle part. D'ailleurs nous voyions parfaitement du chemin la cascade bondir de roche en roche comme une poussière de marbre blanc, et il était inutile d'aller la contempler plus près.

A cet endroit l'on quitte la vieille route, et, après avoir traversé l'Arve, on prend de l'autre côté de la vallée la nouvelle route tracée par les ordres de Napoléon III. Elle monte en suivant des pentes habilement ménagées le long de la montagne qu'elle entaille, bordée de ce parapet rassurant qui manque presque toujours aux chemins de montagne de la Suisse et qui permet d'admirer tout à son aise les charmants précipices aux escarpements vertigineux, aux parois hérissées de roches, de sapins, de hêtres, où sautillent à travers les blocs, comme des chèvres folles, les sources et les cascatelles.

La voiture gravissait lentement, mais sûrement, cette route unie comme une allée du bois de Boulogne, malgré sa déclivité. Nous étions resté sur le siège afin de dominer le paysage et plonger de là dans les profondeurs de la vallée où l'Arve continuait sa course, ramassant à droite et à gauche les ruisseaux et les torrents venus des versants opposés. Le reste de la troupe, plus jeune et plus ingambe, cheminait à pied, s'accoudant de temps à autre au parapet pour mesurer de l'œil les flancs escarpés du gouffre, admirer quelque arbre curieusement accroché à la paroi presque verticale, une touffe de fleurs brillantes, un bloc erratique de configuration bizarre ou tout autre accident pittoresque. De l'autre côté de la route s'élevait comme une muraille la roche schisteuse, où l'on distinguait comme les traces d'une vrille énorme les nombreux trous de mine qui avaient servi à faire sauter les obstacles. Ces trous de mine, par un de ces rapides voyages qu'accomplit si fréquemment la pensée, nous remirent en mémoire la coupure de la Chiffa, en Afrique, toute criblée de perforations semblables.

A un détour de la route où l'espace plus large a permis à quelques chalets de s'implanter, on aperçoit sur le revers opposé du vallon un torrent tributaire de l'Arve, qui forme, avant de s'y précipiter, plusieurs belles cascades. On traverse un bois de sapins, et la nouvelle route, qui n'est pas terminée encore, vous remet sur le tracé de l'ancienne.

Il y a à cet endroit une petite auberge avec des hangars pour des voitures et des écuries pour les bêtes de somme. Une auge de bois, où se dégorge l'eau d'une source jaillissant par un robinet d'un poteau creusé, réunissait en groupe pittoresque des chevaux et des mulets, qui nous firent penser à ce charmant tableau de Schanck, les *Anes à l'abreuvoir*, qu'on appelait les *Sept sages de la Grèce*.

On détela nos chevaux pour leur en substituer

d'autres habitués aux difficultés de ce passage qui est en effet assez rude, sans être dangereux, et qu'on nomme les Pavés. A quelques pas de l'auberge la montagne barre la route, mais on la franchit sous un tunnel d'une trentaine de mètres; au delà le chemin continue avec des successions de pentes et de montées assez raides, côtoyé et souvent rétréci par les travaux de la nouvelle route qui tranchent des roches, abattent des sapins et amassent des cailloux pour l'empierrement de la chaussée. A gauche, la vallée rétrécie se creuse en gorge profonde d'où montent des rumeurs de torrents et de cascades. Des ruisseaux traversent la route sous des tabliers de bois ou des ponts de pierres plates, et partout on est accompagné par un bruit d'eau vive. Rien de plus gai et de plus charmant. Seule, dans l'immobile nature, l'eau a le privilège de changer de place, de courir et de parler. On dirait un être animé; elle est la vie du paysage et empêche le repos des choses de paraître morne. Que raconte-t-elle aux cailloux, aux herbes et aux fleurs avec son incessant babil? La chronique des neiges, l'histoire secrète du glacier d'où elle vient, les mystères géologiques des terrains qu'elle a parcourus? On ne sait; mais son babil confus, dont on voudrait distinguer le sens, n'en est pas moins agréable et doit amuser la solitude de la montagne.

Un peu plus loin, on s'arrêta devant une boutique de curiosités alpestres : cornes de chamois et d'isard, sculptures sur bois, pierres renfermant des cristaux ou des grenats, boîtes de sapin avec des peintures représentant le mont Blanc, le mont Cervin ou d'autres sites, bâtons de montagne armés d'une pointe en fer, comme les lances des picadores, et destinés à retenir la marche sur les glaciers et les pentes trop rapides ; une pomme de bois, de couleur plus sombre, termine l'autre extrémité. Nous achetâmes chacun une de ces piques, où l'on marque en spirale avec un fer chaud les noms des montagnes dont on a fait l'ascension, des glaciers qu'on a visités et des lieux remarquables dont on veut garder mémoire. Au retour, on relit son voyage étape par étape sur ces bâtons qui vous ont aidés dans les pas difficiles.

Nous approchions de Chamonix, qu'on appelle, je ne sais pas trop pourquoi, Chamouny, par une de ces altérations que l'usage impose aux noms de villes et de pays, qu'on restituera bientôt, nous l'espérons, dans leur vraie orthographe. Les parois de la vallée, s'écartant et se dressant comme des coulisses gigantesques, encadraient une perspective admirable formée par la chaîne du mont Blanc, dont les pics bleutés de vapeur, veloutés à la base de forêts de sapins, glacés de brillantes touches de neige au sommet, traversés de légères bandes de nuages, semblaient fermer toute issue à la route; des chalets, qui, tout à fait rustiques cette fois, faits de troncs d'arbre à peine écorcés comme les isbas de Russie, avec leurs toitures composées de feuillets d'ardoise irrégulièrement jetés les uns sur les autres, leurs auvents en saillie et leurs provisions de bois, empilées contre leurs murailles combustibles comme un aliment à l'incendie, se montraient plus fréquemment au bord du chemin et parfois empiétaient sur lui de manière à laisser à peine passage à la voiture ; et bientôt l'on débouche dans la vallée même de Chamonix, qu'on désigne aussi sous le nom du Prieuré. La route, bordée de petites palissades en bois, passe à travers des prairies verdoyantes, tout étoilées de fleurs d'une vivacité de ton merveilleuse. On aperçoit entre les forêts de sapins et les hérissements de roches les glaciers qui descendent vers la plaine, semblables à des cascades surprises et gelées dans leur chute par le froid d'un hiver arctique ; on nous nomme le glacier de Griaz, le glacier de Racconay ; puis celui de Bossons, qui descend des cimes du mont Blanc ; et plus loin, les glaciers des Bois, dont la courbe s'avance vers la vallée. Si près du mont Blanc, on ne le voit plus. Les premiers plans de

LE MONT BLANC.

montagnes le masquent et il disparaît derrière le dôme du Goûter ; c'est à distance que s'apprécie la vraie grandeur, tout s'abaisse autour d'elle dans le recul de l'espace et de la postérité, et les nains ne vont plus qu'à la ceinture du géant.

Après quelques tours de roues, on passe le pont de Perolabaz, on franchit l'Arve et l'on arrive à Chamonix, auquel ses hôtelleries d'apparence monumentale donnent un aspect plus considérable qu'il ne l'est en effet. L'église est assez jolie, et son clocher ne manque pas d'une certaine élégance ; mais, à côté des gigantesques aiguilles qui l'avoisinent, il a l'air du clocher d'un village en bois peint sorti d'une boîte à jouets de Nuremberg. Il est vrai que le Munster de Strasbourg, les pyramides d'Égypte même ne feraient pas meilleure figure au pied de ces masses colossales qui écrasent et anéantissent les ouvrages de l'homme.

Notre voiture s'arrêta devant l'hôtel de l'Union, parmi des groupes de guides attendant la pratique, car la saison était à peine ouverte. L'on ne vient guère à Chamonix qu'en juillet et en août, lorsque la fonte graduelle des neiges facilite les passages, et nous arrivions comme les premières hirondelles du printemps. L'hôtel de l'Union est grand et magnifique, tenu à la manière des hôtels d'Allemagne de première classe avec toutes les recherches du confortable moderne. On nous y servit dans une salle immense un excellent déjeuner, auquel nous fîmes honneur. Notre appétit satisfait, la jeune troupe, impatiente déjà d'un si long repos et prête à repartir, demanda s'il n'y avait pas moyen de faire quelque petite expédition pour terminer la journée, car il était à peine une heure. On nous conseilla l'excursion d'Argentières, et nous voilà partis dans notre calèche, à laquelle on avait attelé des chevaux frais sous la conduite d'un cocher du pays.

Au sortir de Chamonix, on passe, en remontant le cours de l'Arve, que l'on traverse au hameau des Praz, par une plaine cultivée ; puis, laissant à droite le hameau et le glacier des Bois, et à gauche le sentier qui mène à la Flégère, on s'engage dans un étroit défilé, plus pittoresque que commode aux voitures. Au fond d'un ravin encombré de roches, de blocs de pierres, se présentant par tous les angles selon les hasards de la chute ou de l'érosion, l'Arve se fraye sa voie avec un fracas épouvantable, se précipitant en rapides torrents, tombant en cascades, rejaillissant en écume et en fumée, fouettant les obstacles de ses lanières blanches, les battant en brèche de ses flots, entraînant tout dans le vertige de ses tourbillons, ivre lui-même de son impétuosité, comme un cheval qui a pris le mors aux dents. Entre les roches, sur les parois du gouffre, les sapins ont planté leur flèche barbelée, s'accrochant avec leurs racines, comme avec des doigts noueux, pour ne pas glisser au fond de l'abîme. Des mousses d'un vert de velours, des plantes sauvages dont la fraîcheur est entretenue par cette atmosphère où grésille l'eau pulvérisée en pluie fine, verdoient entre les pieds des sapins et s'étalent partout où la plus mince couche de terre végétale donne prise à la végétation. Ces robustes et hardies plantes alpestres sont frugales, elles ne demandent pas grand suc à la terre nourrice ; comme les amoureux, elles vivent d'air pur et d'eau claire. On ne saurait imaginer quelque chose de plus romantiquement sauvage que cette gorge d'Argentières, étranglée entre deux murailles de rocher, et où écume avec de sourds tonnerres une eau échevelée et furieuse. Faites lever le disque livide de la lune entre les aiguilles noires des sapins, allumez au fond des ombres mystérieuses du ravin quelques prunelles de hiboux, disposez un feu de broussailles sur quelque roche plate dont les reflets rougeâtres luttent avec la lueur blanche de l'astre nocturne, et vous aurez un magnifique décor pour la fonte des balles du *Freischütz*.

Quelquefois, sur le bord de la ravine, des chalets se tiennent en équilibre, détournant à leur profit une prise d'eau du torrent qui fait mouvoir une roue de scierie, de moulin ou de toute autre industrie ayant besoin d'une force motrice. Ces *fabriques*, comme on dit en style de paysagiste, sont d'un effet pittoresque et mêlent à propos la symétrie des formes voulues aux formes irrégulières de la nature. Au milieu de ce bouleversement chaotique elles rappellent la puissance et l'invention humaines.

Près d'un de ces moulins où la route se rétrécissait d'une façon effrayante, une de nos voyageuses, jolie blonde de treize ans, cousine germaine de notre fille, voyant la roue de devant de la voiture effleurer de trop près la crête du précipice, sauta à bas du siège qu'elle occupait comme la plus jeune et la plus alerte, et disparut quelques secondes à nos yeux. Ce fut un moment d'angoisse inexprimable. Nous la crûmes tous tombée au fond du ravin et déjà roulée dans les cascades de l'Arve ; mais elle reparut aussitôt à l'autre portière, un peu émue et pourtant souriante.

Ce petit incident, qui pouvait devenir un accident grave, nous servira de transition pour dire que le défilé d'Argentières, facile aux piétons, sûr à dos de mulet, praticable encore avec des chars du pays à un cheval, est tout à fait dangereux en voiture à deux chevaux. La rencontre possible d'un autre véhicule venant en sens inverse amène à de certains endroits des collisions périlleuses et pouvant donner lieu à des catastrophes ; car le moindre choc peut précipiter le char qui se trouve au bord de la route sur un hérissement de roches et de sapins, où les voyageurs, sans être en Asie, subiraient le supplice des crochets, et resteraient suspendus, à moitié brisés, sur l'abîme, à moins qu'ils n'eussent la chance de glisser droit jusqu'au torrent pour y trouver une mort plus prompte et moins douloureuse. On est en train de rectifier cette route peu sûre ; mais les travaux mêmes la rendent temporairement plus difficile. Bientôt le chemin s'élargit un peu et devient moins abrupt. L'Arve, n'étant plus aussi gêné par les blocs de rochers, les troncs d'arbres tombés en travers et les brusques changements de niveau, grommelle et bougonne encore comme un torrent de mauvaise humeur qu'il est toujours ; mais il ne pousse plus ces rugissements formidables qui effrayent et assourdissent. Les pentes s'abaissent, et l'on arrive à un bois de sapins énormes, dont les racines, ayant tracé par terre, ressemblent avec leurs teintes grises, leurs écorces exfoliées et leurs enlacements inextricables, à des dépouilles de serpents qui seraient venus là faire peau neuve. La moraine du glacier d'Argentières, qui s'éten-

'dait autrefois beaucoup plus loin qu'aujourd'hui, a poussé jusque-là des quantités énormes de pierres et de cailloux. Ce glacier descend en zigzag jusqu'à la vallée, entre l'aiguille d'Argentières et l'aiguille du Tour. Il avait l'aspect, à cette heure, d'une grande coulée de verre refroidie.

Une nuée de petits garçons et de petites filles, minéralogistes en bas âge, mais déjà négociants habiles, entourèrent notre calèche, nous offrant des pétrifications curieuses et des cailloux bizarres dans lesquels rien ne s'opposait à ce qu'il y eût du cristal enfermé, des grenats, des améthystes ou des pyrites de métal, mais qui ne contenaient même pas ces micas brillants qu'on appelle l'or et l'argent des chats.

Argentières, que nous atteignîmes bientôt, n'est guère qu'une auberge accompagnée de quelques maisons et d'une église, comme presque tous ces villages de montagnes. Nos compagnes infatigables allèrent voir des éboulements de pierres que traversent de petits ruisseaux, la source de nous ne savons quelle cascade. Quant à nous, le repos occupé à contempler le superbe rideau de montagnes qui se déployait devant nous avec toutes les magies de la perspective nous parut préférable à l'excursion dans cette carrière de blocs tumultueux. Pensant aux difficultés du retour, nous louâmes un petit char pour alléger notre voiture, et le soir même nous soupions à Chamonix, enchantés de notre journée et rêvant déjà une ascension matinale à la Pierre pointue, d'où l'on voit admirablement le glacier des Bossons.

III

La soirée se passa à faire des projets d'excursion pour le lendemain. On arrêta qu'on monterait à la Pierre pointue, d'où l'on voit tout en plein le glacier des Bossons. Le maître de l'hôtel fit prévenir les guides de se trouver de bon matin devant la porte de l'Union avec leurs mulets tout sellés. En se promenant par Chamonix, après avoir regardé au vitrage des marchands de curiosités les ours, les chamois et les bonshommes sculptés en bois, les photographies des vues de Suisse et les panoramas coloriés du mont Blanc, nos voyageuses avisèrent une boutique de cordonnier fabriquant des souliers et des brodequins pour les ascensions des montagnes ; car, dans ces rudes sentiers, les mignons chefs-d'œuvre de Chapelle et de Molière ne sont plus de mise, ils se déchireraient au choc du premier caillou et s'ouvriraient à l'angle du premier glaçon. Ce sont de fortes chaussures, en cuir écru, avec des semelles épaisses, étoilées de clous, se laçant par une aiguillette, et très souples, malgré leur apparence grossière. On les graisse avec du saindoux ; c'est la manière de les cirer. La difficulté fut de trouver parmi l'assortiment une paire de brodequins assez petits, assez étroits, assez cambrés pour botter deux pieds charmants, habitués aux chaussures de satin, et que Vienne, Paris, Londres et Saint-Pétersbourg ont applaudis avec enthousiasme (1). Des brodequins d'enfant firent à peu près l'affaire. La chaussure est une chose importante dans les expéditions alpestres ; même quand on ne voyage pas en piéton, il y a toujours des passages pénibles ou dangereux où il vaut mieux descendre de son mulet et marcher sur les pas de son guide en s'étayant du bâton ferré. Les pieds délicats se blessent facilement, et on lit en tête de l'excellent *Itinéraire de la Suisse*, d'Adolphe Joanne, ce sage conseil : « Percer ses ampoules avec un fil au lieu de les couper. » Avec ces cnémides rustiques, nos compagnes de voyage n'avaient rien à craindre.

A sept heures du matin, les mulets étaient rangés devant le perron de l'hôtel, tenus en bride par leurs

---

(1) Ceux de Carlotta Grisi.

conducteurs. Il leur manquait ce luxe de harnachement, cette folie d'aigrettes, de pompons, de fanfreluches et de grelots des mules d'Espagne; on ne voyait pas sur leur dos de belles capes de *muestia* rayées de couleurs vives d'un si joli effet pittoresque. Ils étaient bâtés de bonnes vieilles selles de cuir brun à dossier ajusté pour les femmes, solides, malgré leur air de délabrement. Nous sommes étonné de cette absence de coquetterie dans l'ajustement de bêtes destinées à des courses de plaisir et montées par des gens qui ne regardent pas à la dépense.

Un garçon d'hôtel approcha le marchepied qui sert à se hisser sur les mulets; les étriers furent mis au point, les sangles resserrées, les plis de jupe étalés convenablement, les capes imperméables et les châles fixés par des courroies sur le portemanteau, et, tous ces préparatifs terminés, la petite caravane, composée de six mulets et de six guides, se mit en marche, déplaçant les groupes de curieux qui la regardaient partir. On sort de Chamonix par le chemin qui mène à Servoz à travers la vallée; on passe le pont de Pérolabaz, et on chemine sur des prairies où paissent les mulets qui ne travaillent pas ce jour-là. Ils arrivent en gambadant jusqu'au bord du sentier et semblent se moquer de leurs confrères à longues oreilles bâtés et chargés. Des ruisseaux courent parmi l'herbe avec une ra-

pidité vivante et joyeuse. Des planches jetées d'un
bord à l'autre servent de pont; mais, comme le
poids de la bête et du cavalier pourrait les faire
rompre, le guide y passe seul, tirant par la bride
le mulet, qui rechigne un peu et regarde de travers
l'eau bouillonnant entre ses jambes. Les maisons
et les chalets plantés sans ordre au bord de cette
pelouse appartiennent au village de Bossons, ha-
bité en grande partie par les guides et leurs
familles. Tout ce début de voyage est charmant.
Bientôt les ondulations se prononcent, les pierres
deviennent plus fréquentes et se changent en blocs.
Le pas des mulets se ralentit; le plus ancien prend
la tête, comme l'âne colonel dans les sierras d'Espagne, et les autres se mettent à la file avec un
ordre qu'il est impossible de déranger, eût-on le
madrigal le plus poli du monde à dire à la beauté
qui vous précède. Le cortège s'engage dans un bois
de bouleaux, de frênes, de hêtres et autres essences prospérant aux zones moyennes de la montagne. Le sentier s'en va un peu au hasard à travers
les roches, les racines et les fûts des arbres, passant où il peut et faisant des détours pour adoucir
les pentes. Sur la droite, on voit briller par l'interstice des feuillages l'écume argentée de la cascade des Pèlerins, qui tombe de cinquante mètres
dans un bassin presque circulaire, avec un gronde-

ment de Niagara; mais la cascade des Pèlerins ni celle du Dard, qui l'avoisine, n'étaient le but de notre excursion. Il fallait monter à la Pierre pointue, ascension assez raide, et ne pas nous détourner pour des curiosités accessoires.

A cette hauteur, la montagne s'escarpe et le sentier ne parvient à la gravir que par de nombreux lacets à angles si brusques, qu'ils fatiguent le voyageur presque autant que la monture. Les mulets s'écrasent sous leur croupe, pincent le sol de leurs sabots et grimpent comme des chats sur un toit, emportant leur cavalier presque couché sur leur col, non sans des réactions qui le lendemain se traduisent en courbatures et parfois nécessitent l'emploi de la seconde recette proposée par l'*Itinéraire :* « Se servir de suif *en cas de besoin !* »

Ces zigzags, semblables aux dessins que trace l'éclair, serpentent à travers un bois de sapins encombré de pierres et de roches, laissant pendre leurs racines parmi les plantes, les cailloux et les éboulements. Des bouts de bois ou de planches soutiennent le terrain aux endroits ravinés ; des cordons de cailloux ourlent le sentier de loin en loin ; quelquefois l'eau d'une source extravasée rend le passage glissant et boueux ; mais on ne va pas à la Pierre pointue sur le mont Blanc pour avoir ses aises comme à Hyde-Park. Le soleil descendait de branche en branche et semait au pied des sapins les pièces d'or qui terminent ses rayons. La lumière reluisait au bout des rameaux des jeunes pousses d'un vert idéalement tendre que faisait ressortir le vert sombre, presque noir, des vieilles feuilles. Ces nuances sont d'une douceur extrême et enlèvent, à cette époque de l'année, ce que la verdure des arbres à feuillage persistant peut avoir de monotone et de triste. Quand les longs bras des sapins ont secoué la neige de leurs manches, le printemps arrive, gravit l'Alpe et dit aux bourgeons de s'ouvrir, et la jeunesse fleurit et verdoie sur la montagne sourcilleuse.

Cependant la petite caravane grimpait toujours, menée avec la prudence la plus vigilante par les guides, qui se tenaient à la tête de leurs mulets du côté de l'escarpement. C'était charmant de voir d'une pente inférieure défiler sur la rampe plus élevée ces jeunes filles et ces femmes dont les costumes brillaient à travers la colonnade des sapins. Quelquefois le lacet du chemin se brisait à angle si aigu, que le cortège, divisé en deux, formait deux étages, comme ces dessins où l'on veut représenter une longue procession sur un petit espace. Ce n'est pas que le chemin soit effrayant ou dangereux en lui-même; il ne côtoie pas ces précipices vertigineux dont l'œil aperçoit à peine le fond dans la fumée bleue de la perspective et la fumée blanche des torrents. Seulement il escalade le flanc de la montagne par enjambées inégales, avec anhélation et soubresauts parmi les pierres, les ronces, les sapins, les lits de ruisseaux, les éboulements, sans se soucier beaucoup de la commodité du touriste. Il serait facile de le rectifier et de l'améliorer ; mais l'argent manque, et peut-être encore ne veut-on pas rendre trop accessibles les abords de la montagne géante.

Déjà quelques mélèzes se glissaient à travers les sapins avec leur feuillage plus léger et plus délicat ; nous allions bientôt atteindre la région que les arbres ne dépassent pas ; mais des plantes courageuses et vivaces montent plus haut encore. Les rhododendrons sauvages épanouissaient leurs fleurs d'un rose vif, la gentiane ouvrait son étoile bleue, et la renoncule des glaces semait dans l'herbe son étincelle jaune. A mesure qu'on avançait, la montagne dépouillait son manteau de végétation, et sa sévère nudité primordiale apparaissait. Ce n'était plus, sur la pente rapide où le sentier serpentait multipliant ses lacets, qu'un terrain écorché, rugueux, tout mamelonné de pierres et de cailloux, d'où toute trace de vie avait disparu ; des ruisseaux provenant de la fonte des neiges supérieures filtraient de toutes parts et brillaient au soleil comme des fils d'argent éparpillés. N'étant plus obstruée par les arbres, la vue plane librement, plonge dans les profondeurs de la vallée qui de là-haut se creuse en abîme, et rencontre en face d'elle la montagne de la Flégère, les aiguilles de la Glière et de Floriaz. Les sapins mettent leur teinte d'un vert sombre au bas de la Flégère, mais ils se lassent bientôt de l'ascension, et, sur le flanc aride de la pente, on peut distinguer avec une lorgnette, comme un fil replié plusieurs fois sur lui-même, le sentier qui monte de la vallée au sommet. Si cette comparaison ne vous convient pas, figurez-vous une égratignure faite avec une épingle à la paroi d'un bloc colossal : c'est toute la trace que l'homme peut laisser de lui sur ces masses gigantesques irréductibles à sa puissance. De la Flégère, on découvre comme d'un balcon toute la chaîne du mont Blanc, qu'on cesse de voir dès qu'on s'y engage, de même qu'on ne jouit pas de la façade d'un palais qu'on habite. On a planté sur la Flégère, à une hauteur de dix-neuf cents mètres, une croix foudroyée près de laquelle est bâtie une petite auberge. Notre guide nous raconte ces détails tout en tirant notre mulet par le licou, car il faudrait un télescope pour voir d'ici l'auberge et la croix.

On ne saurait imaginer les couleurs que prend dans l'éloignement la terre dépouillée de toute verdure vers le sommet des montagnes, au-dessous de la région des neiges éternelles. Ce sont des tons d'une légèreté, d'une transparence et d'une fleur à faire paraître boueuse la plus fraîche palette : gris de perle, lilas, fumée de cigare, rose de Chine, violet d'améthyste, azur de turquoise, comme les fonds que met Breughel de Paradis à ses paysages édéniques, et mille nuances que le pinceau exprimerait mieux que la plume. On comprend que c'est bien là l'épiderme d'un astre, et que la terre, vue de la lune, doit briller comme un globe d'or. Cette transformation de couleur étonne toujours les habitants de la plaine et les peintres semblent en redouter l'effet ; car, excepté Diday et Calame, les vues des montagnes n'ont jusqu'à présent guère tenté les artistes, qui peut-être se sentent impuissants devant tant de grandeur.

On eût dit, à de certains endroits, qu'on avançait sur les décombres d'une ville antédiluvienne démolie par le cataclysme ou sur une carrière à ciel ouvert ; mais peu à peu le chemin plus battu s'aplanit, marquant qu'on s'approchait du but. La cime de la Pierre pointue commençait à se dessiner, et un dernier détour nous mit brusquement en face de l'auberge où nous devions dîner.

C'est un chalet ou, pour parler plus exactement, une baraque de planches divisée en trois compartiments, dont le premier sert de cuisine et de cabaret pour les guides, le second de salle à manger pour les voyageurs et le troisième de chambre à coucher pour l'hôte et sa femme, qui viennent s'installer là au commencement de la belle saison et ne redescendent dans la vallée qu'aux premières neiges, lorsque les touristes et les membres du club des Alpes abandonnent le mont Blanc à sa grandiose solitude.

Le chemin qui mène aux Grands-Mulets, première étape de l'ascension au sommet qu'on croyait inaccessible jusqu'aux tentatives couronnées de succès de l'héroïque Jacques Balmat, dont le nom est devenu légendaire, contourne la baraque de la Pierre pointue et longe le glacier des Bossons.

C'est un spectacle que l'imagination ne peut supposer. La réalité dépasse ici le rêve. Le glacier s'étend sur un plan presque horizontal sans moraine médiane, c'est-à-dire sans cette ligne de pierres plus ou moins grosses que les remous de la glace rejettent ordinairement au milieu de ces mers gelées.

Le glacier des Bossons descend comme un large fleuve des cimes du mont Blanc, dont les neiges éternelles l'alimentent. Il glisse vers la vallée d'un mouvement insensible à l'œil, mais qui ne s'arrête jamais entre les parois des rochers et des aiguilles dont il use et polit le granit. Suivant la rigueur ou la douceur relative des hivers, il avance ou recule. Autrefois, au temps de la période glaciaire, il s'étendait beaucoup plus loin, ainsi que le prouvent les blocs erratiques transportés à de grandes distances et abandonnés aujourd'hui au milieu des champs. L'aspect de la surface est celle du verre pilé, mais les crevasses à l'abri des poussières qu'apportent les vents ont des transparences de cristal et prennent de merveilleuses teintes de saphir et d'aiguemarine. On dirait les parois d'un palais de fée. A de certains tournants, des blocs gênés dans leur marche se sont amoncelés les uns sur les autres comme les glaçons d'une débâcle, et redressés en aiguilles de formes bizarres, en dentelures fantasques, qui font penser à la forêt de pignons en marbre blanc du dôme de Milan ou à l'architecture neigeuse d'une banquise du pôle. On ne se lasserait pas d'admirer ce prodigieux entassement de pyramides, d'aiguilles, de clochetons, de tours, de pylones, de flèches, de prismes qui semblent les rêves cristallisés de l'hiver, si un vent froid, vous pénétrant jusqu'aux os, ne vous forçait à rentrer au chalet pour pour y chercher une atmosphère plus tiède.

Quoique nous ne soyons pas sujet au vertige et que nous puissions, debout sur le bord extrême du précipice, regarder sans que la tête nous tourne au fond d'un gouffre à pic, nous éprouvions une sensation bizarre, un malaise inexprimable et singulier. La pression de l'atmosphère, très raréfiée à cette hauteur, n'étant plus suffisante, il nous semblait que notre corps vacillât sans appui. Nous respirions avec peine, comme un oiseau mis sous la machine pneumatique. L'air trop vif des hauts lieux nous étouffait, nous, habitués aux miasmes des salles de spectacle. Il nous fallut regagner en chancelant le chalet. Là, dans une chambre étroite dont nous avions fermé la porte et les fenêtres, nous eûmes bientôt repris notre assiette. Nos compagnes, qui s'étaient aventurées plus loin sur le glacier, vinrent nous rejoindre. L'hôtesse, jeune femme de physionomie avenante et de façons polies, mit le couvert, et un dîner très confortable, quand on pense qu'il était servi à deux mille cinq cents mètres du niveau de la mer, sur la limite des neiges persistantes, nous remit tout à fait. Le vin était bon, et quelques santés amicales portées aux absents firent circuler plus librement le sang dans nos veines. On acheta une vue du chalet et du glacier, car l'intrépide photographie escalade les cimes les plus ardues, et bien souvent l'aigle des montagnes a dû se demander, en voyant un chétif animal encapuchonné de noir et penché sur une boîte, s'il devait fondre dessus du haut des airs et l'enlever comme une proie.

Ce n'est pas le tout de monter, il faut encore descendre, et nous nous sentîmes envahi par une profonde mélancolie, car reprendre les mulets eût été une grave imprudence. Un instant l'idée nous vint de nous installer au chalet et d'y passer le reste de notre vie. C'était ingénieux, mais peu pratique. Force nous fut de prendre le parti de revenir sur nos pieds, et nous nous mîmes en marche, mais sans espoir d'arriver en bas.

Nous voilà donc comme Dante, ne levant pas un pied que l'autre ne fût bien assuré, et suivant les innombrables détours du sentier hérissé de pierres plus ou moins anguleuses. Au bout de quelque temps, nous atteignîmes la forêt de sapins où la route est un peu meilleure ; nous nous arrêtions de loin en loin sur quelque roche capitonnée de mousse, car nous sommes comme Hamlet, « un peu gras et court d'haleine. » Les deux cousines, l'une rose et blanche, aux yeux bleus comme la gentiane, aux cheveux blonds comme le lin ; l'autre brune et pâle, au regard nostalgique, au sourire sérieux, rappelant la *Rosa Nera* d'Hébert, sautillaient comme des oiseaux, de roche en roche, et nous les voyions bien loin déjà devant nous, qui nous attendaient gracieusement groupées au bord du chemin. Non moins légère, s'avançait, avec la sûreté de ce pied infaillible qui semble avoir des ailes, la dame aux brodequins d'enfant. Cette grâce émerveilla le guide et lui inspira cette phrase : « Madame, votre mulet s'est peut-être aperçu qu'il vous portait; mais à coup sûr la terre ne le sent pas : vous pesez si peu sur elle! » N'est-il pas singulier qu'un muletier de Chamonix ait trouvé une pensée de l'*Anthologie* et refait le vers charmant de Méléagre sur la danseuse grecque pour louer celle qui fut la rivale heureuse des Taglioni et des Elssler!

Le groupe plus sérieux ou pour dire la vérité plus lourd rejoignit le groupe agile et infatigable. Les mulets, qui descendaient à la débandade, abandonnés à leur instinct, et qui s'arrêtaient parfois pour brouter quelque pousse verte, quelque plante savoureuse, furent rassemblés par leurs conducteurs, et chacun se hissa sur sa bête, car le terrain était redevenu à peu près praticable. On franchit de nouveau le petit bois d'aunes, de bouleaux et de frênes, et on se retrouva avec plaisir sur la prairie irriguée de ruisseaux rapides dont le terrain à peu près uni nous semblait plus doux que le velours. Au bout de quelques minutes, dans le même ordre processionnel que le matin, nous étions devant le perron de l'hôtel, les garçons approchaient les marchepieds et chacun mettait pied à terre. Très satisfaits des attentions et de la vigilance prudente de nos guides, nous les retînmes tous les six avec leurs mulets pour aller le lendemain au Montanvert visiter la Mer de glace. Il était trop tard pour essayer le même jour quelque excursion complémentaire, comme celle aux sources de l'Arveiron par exemple, et le reste de la soirée fut occupé par le diner et une de ces bonnes causeries où les étincelantes fusées de rire de la jeunesse partent au milieu des réflexions philosophiques et les interrompent à propos, car la vraie sagesse est le rire sans cause de l'innocence.

IV

Pour cette journée, le plan d'expédition était de visiter le Montanvert et la Mer de glace et, s'il nous restait une heure ou deux de lumière, les sources de l'Arveiron. A peine avions-nous pris un léger déjeuner que les guides et les mulets étaient à la porte. Tout le monde fut bientôt en selle et l'on partit joyeusement. On passa l'Arve devant l'Hôtel-Royal et l'on suivit le fond de la vallée pendant quelque temps, à travers les maisons et les chalets disséminés au milieu des cultures et des prairies délimitées par de frêles barrières de bois.

Le pied des hautes montagnes qui forment la chaîne du mont Blanc, revêtu de forêts et de pâturages, avait des tons d'une intensité et d'une vigueur admirables. Figurez-vous une immense pièce de velours vert chiffonnée à grands plis comme un rideau de théâtre, avec les noirs profonds de ses cassures et les miroitements dorés de ses lumières ; c'est une image bien petite pour la grandeur de l'objet, mais nous n'en trouvons pas qui puisse mieux exprimer cet effet. Le vert de Scheele, le vert minéral, tous ceux qui peuvent résulter des combinaisons du bleu de Prusse avec le jaune d'ocre, de chrome de Naples, du mélange de l'indigo et du jaune indien, le vert Véronèse aux matités glauques, le vert prasin, ne pourraient rendre cette qualité de vert, que nous appellerions volontiers vert de montagne et qui passe du noir velouté aux nuances vertes les plus tendres. Dans ce jeu de nuances, les sapins font les ombres ; les arbres à feuilles caduques et les plaques de prairies ou de mousse, les clairs. Les ondulations et les coupures ravinées de la montagne accidentent ces grandes masses de vert, premier plan vigoureux, repoussoir énergique qui rend plus vaporeux et fait fuir les tons légers des zones dépouillées de verdure et couronnées par les rehauts à la gouache de la neige. A de certains endroits plus découverts, l'herbe verdoie au soleil, et des arbres semblables à des mouchetures semées sur ce fond clair lui donnent l'apparence d'une étoffe épinglée. Mais lorsque nous parlons d'arbres et de sapins, de bois et de forêts, ne vous représentez pas autre chose que de vastes taches de mousse sombre sur les pentes de la montagne : les plus hauts troncs y prennent la proportion d'un brin d'herbe.

Le sentier se dirigea vers la gauche et, se glissant entre les pierres et les blocs éboulés ou charriés dans la vallée par les torrents et les avalanches de l'hiver, s'engagea bientôt dans une forêt de bouleaux, de sapins et de mélèzes dont les éclaircies laissaient voir de l'autre côté les aiguilles Rouges et le Brevent qui font face au Montanvert. La montée était assez douce et les mulets la gravissaient d'une allure dégagée ; comparativement au chemin que nous avions escaladé la veille pour aller à la Pierre pointue, la route était une vraie allée du bois de Boulogne. Les lacets de la route se repliaient à angles assez éloignés pour ne fatiguer ni le cavalier ni la monture. Le soleil se jouait dans le feuillage de la forêt que nous traversions et faisait flotter sur nous une ombre trouée de rayons. Sur les rochers au pied des arbres luisaient des mousses d'un vert d'émeraude et brillaient de petites fleurs sauvages, et par l'interstice des branches une vapeur azurée trahissait les profondeurs de l'abîme, car la petite caravane, se suivant à la file, s'élevait toujours et atteignait déjà la fontaine Caillet, qu'on regarde comme à mi-chemin de l'ascension. Cette fontaine, d'une eau excellente, coule dans une auge de bois. Les mulets y font halte en s'y abreuvant. Une cabane est bâtie près de la fontaine, et l'on vous y offre des verres d'eau opalisée de quelques gouttes de kirsch, du cognac, de la bière et autres rafraîchissements. Nous régalâmes nos guides d'un verre d'eau-de-vie qu'ils parurent préférer, malgré leur sobriété, à ce diamant liquide qui sourdait de la roche.

A partir de là, le sentier commence à s'escarper ; les raidillons se multiplient sans cependant offrir aucune difficulté ni à mulet ni à pied. L'air devient plus vif. La forêt s'éclaircit, les arbres s'espacent et s'arrêtent comme essoufflés. Ils semblent nous dire : « Maintenant, montez tout seuls, nous ne saurions aller plus haut. » Le plateau arrondi que l'on contourne en tirant vers la droite n'est pas désolé et dénudé comme on pourrait le croire ; une herbe assez dure, émaillée de fleurs alpestres, le tapisse, et quand on l'a dépassé on aperçoit au bas de l'aiguille de Charmoz le chalet ou l'auberge du Montanvert.

De ce plateau on découvre une vue admirable, étonnante, apocalyptique, au-dessus du rêve. Sous vos pieds, entre deux rives de pics gigantesques, coule immobile, comme figé dans le tumulte d'une tempête, ce large fleuve de cristal qu'on a nommé la Mer de glace, et qui plus bas vers la plaine s'appelle le glacier des Bois. La Mer de glace vient de haut ; elle reçoit plusieurs glaciers comme un fleuve ses affluents. Nous en parlerons tout à l'heure, mais pour le moment occupons-nous du spectacle qui se déroule devant nos yeux.

En face de l'auberge de Montanvert, le glacier a bien une demi-lieue d'une rive à l'autre, peut-être même davantage, car il est difficile d'apprécier avec justesse les distances dans les montagnes ; c'est à peu près la largeur de la Tamise, de la Néva ou du Guadalquivir vers leur embouchure. Mais la pente est beaucoup plus rapide que ne le fut jamais celle d'aucun fleuve. Il descend par longues vagues arrondies à leur sommet, comme des houles qui ne se brisent pas en écume et dont le creux prend une couleur bleuâtre. Lorsque le terrain qui sert de lit à ce torrent de glace devient trop abrupt, la masse se disloque, se divise en feuillets penchés les uns sur les autres, et qui ressemblent à ces colonnettes de marbre blanc des cimetières turcs que leur poids fait incliner à droite et à gauche ; des crevasses se manifestent plus ou moins larges, plus ou moins profondes, entr'ouvrant l'immense bloc et laissant voir la glace vierge, dans toute sa pureté. Les parois de ces crevasses revêtent des couleurs magiques, des teintes de grotte d'azur. Un bleu idéal qui n'est ni le bleu du ciel ni le bleu de l'eau, qui est le bleu de la glace, ton innommé qu'on ne trouve pas sur la palette des peintres, illumine ces gerçures splendides et y tourne parfois à un vert d'aigue-marine ou de burgau par des dégradations d'une finesse étonnante.

Ces nuances ne sont pas les seules. Selon les jeux de la lumière, la glace transparente prend toutes les couleurs du prisme. Quand la moraine découvre le flanc du glacier dont on aperçoit alors la coupe transversale, on peut admirer à l'aise ces teintes d'une beauté étrange, en dehors des colorations habituelles de la nature et s'appliquant aux formes bizarres de cristallisations désordonnées. La surface même du glacier, dépolie par les poussières qui s'y déposent, est d'un gris verdâtre que rayent des veines plus claires ou plus sombres, dont la ligne fléchit toujours par le milieu et se courbe dans le sens de la descente, comme si le courant était là plus fort qu'ailleurs, ce qui est vrai, car malgré son immobilité apparente le glacier remue, palpite et travaille sans cesse. Il y a dans son sein une perpétuelle activité : des infiltrations pénètrent ses pores ; l'eau dégoutte dans ses voûtes de cristal ; des courants le traversent et forment des cascades qu'on appelle des moulins et qu'on peut entrevoir par certaines crevasses. Des alternatives de dégel et de congélation élaborent ces blocs translucides qui furent de la neige sur les hautes montagnes et que leur pesanteur pousse vers la vallée d'un mouvement insensible, mais qui ne s'arrête jamais.

Sur l'autre rive se dresse, nettement détachée par son escarpement brusque, pareille à la flèche d'une gigantesque cathédrale, la haute aiguille du Dru, d'un jet si fier, si élégant, si hardi. Devant elle, en remontant le glacier, se dessine l'aiguille Verte, plus élevée encore, mais que la perspective fait paraître plus basse. Du pied de l'aiguille du Dru descend, comme un ruisseau vers un fleuve, le glacier du mont Blanc. Un peu plus sur la droite se montrent l'aiguille du Moine et celle de Léchaud, obélisques de granit que la lumière teinte de reflets roses et que la neige brillante de quelques touches d'argent. Il est difficile d'exprimer avec des mots les profils inattendus, les déchiquetures bizarres, les pointes tailladées, dentelées, en forme de scie, de pignons, de crosses, qu'affectent ces pics inaccessibles, aux parois presque verticales, souvent même inclinées et surplombant. En suivant de l'œil la même rive du glacier et en redescendant vers la vallée, on voit l'aiguille du Bochard, le Chapeau, qui n'est qu'une montagne arrondie, gazonnée, émaillée de fleurs, moins haute que le Montanvert, et les forêts qui font donner à cette partie de la Mer de glace le nom de glacier des Bois et la bordent d'une ligne de verdure sombre.

Il y a sur la Mer de glace deux veines qui la partagent dans le sens de sa longueur comme les courants de deux rivières qui ne se mêleraient pas : la veine noire et la veine blanche. La noire coule du côté de la rive où s'élève l'aiguille du Dru, la blanche baigne le pied du Montanvert ; mais les mots, lorsqu'il s'agit d'une couleur, n'ont pas de nuances intermédiaires, et il ne faudrait pas s'imaginer cette démarcation tranchée d'une façon aussi nette que nous l'indiquons. Elle est sensible pourtant.

En regardant vers la portion supérieure du glacier, à l'endroit où il se précipite dans le couloir de roches qui le conduit à la vallée comme une cascade aux bouillons furieux, aux rejaillissements désordonnés, qu'un pouvoir magique aurait congelée au plus fort de sa chute, on découvre, frangées en amphithéâtre, la montagne des Périades, les petites Jorasses, les grandes Jorasses et l'aiguille du Géant, couvertes d'une neige éternelle, blanc diadème des Alpes, que les soleils d'été sont impuissants à fondre, et qui scintille avec un éclat pur et froid sous le clair bleu du ciel.

Au pied des Périades, le glacier, comme on peut le voir du Montanvert, se divise en deux branches, dont l'une remonte vers l'est et prend le nom de glacier de Léchaud, et l'autre se dirige derrière les aiguilles de Chamonix vers le mont Blanc du Tacul, et s'appelle le glacier du Géant. Une troisième branche, nommée le glacier du Talifre, s'étale sur les pentes de l'aiguille Verte.

C'est au milieu du Talifre que s'épanouit cette oasis des glaciers qu'on désigne sous le nom de *Jardin*, espèce de corbeille des fleurs alpestres, qui trouvent là une pincée de terre végétale, un rayon de soleil et une ceinture de pierres les isolant des glaces environnantes; mais monter jusqu'au Jardin est une excursion assez longue, fatigante et même dangereuse, qui nécessite de coucher au chalet du Montanvert. Nous nous contentâmes de descendre au bord de la Mer de glace dont la moraine, composée de cailloux, de pierres et de blocs de toute forme et de toute grosseur rejetés comme les varechs et les galets sur la plage de l'Océan, rend les approches assez difficiles. Le glacier a baissé depuis quelques années de plusieurs mètres, comme le prouvent l'étiage dessiné sur le flanc des rochers et la moraine qui reste comme suspendue en l'air.

La troupe, chaussée de ses brodequins à clous, s'appuyant sur ses bâtons ferrés, précédée de ses guides, s'avança jusqu'au milieu à peu près du glacier, regardant avec curiosité au fond des crevasses, écoutant le murmure des eaux intérieures et cherchant à entendre cette musique du glacier dont parle l'ascensionniste anglais John Ball. Elle aurait pu traverser la Mer de glace entièrement, gagner sur l'autre rive le pâturage du Plan-de-l'Aiguille et revenir à Chamonix par le Chapeau ; mais elle ne franchit pas la veine blanche, la veine noire étant beaucoup plus tourmentée, et revint au rivage où le dîner l'attendait.

L'auberge, ou plutôt l'hospice du Montanvert, comme on l'appelle, en donnant au mot sa vraie acception étymologique, est assez commodément installé. Il contient des chambres où les touristes qui veulent faire l'expédition du Jardin peuvent passer la nuit. Un cabinet de curiosités alpestres et de menus objets, que les voyageurs achètent comme souvenir de leurs courses, occupe plusieurs vitrines dans la salle à manger commune. On nous servit un déjeuner composé d'œufs sur le plat, de jambon et de côtelettes aux pommes de terre, le tout arrosé de vin du glacier. N'allez pas croire qu'aucune vigne pousse le pied dans ces blocs de glace ; mais on y fait passer l'hiver à un certain petit vin blanc, assez chaud, qui s'y bonifie et qu'on en retire au printemps. Pendant que nous dînions, arrivèrent plusieurs touristes anglais et allemands en accoutrement plus ou moins fantasque, avec leurs bâtons ferrés, leurs guêtres et leurs gros souliers de cuir jaune, leurs chapeaux de feutre gris ornés d'un voile bleu pour atténuer l'éclatante réverbération des neiges, ce qui n'empêchait pas que de nombreux coups de soleil n'eussent donné à la plupart d'entre eux, même aux plus blonds, des teints de Peaux-Rouges. Ils voyagaient à pied, la manière la plus sûre et la plus commode de visiter la Suisse et la Savoie, quand on a ses jambes de vingt-cinq ans et du temps devant soi.

On se remit en route, non sans avoir cueilli quelques touffes de rhododendrons du vert le plus frais, du rose le plus vif, éclos, dans la liberté et la solitude de la montagne, au souffle de l'air pur des Alpes. On redescendit par la même route plus vite qu'on n'était monté. Les mulets marchaient allègrement, côtoyés par leurs conducteurs, qui portaient les bâtons, les cannes et les ombrelles devenus inutiles. On traversa la forêt de sapins, trouée çà et là par les torrents de pierres des avalanches; on gagna la plaine, et l'on fut assez tôt à Chamonix pour aller à la source de l'Arveiron, qui se trouve au bas du glacier des Bois, nom que prend la Mer de glace en arrivant à la vallée.

C'est une excursion qu'on peut faire en voiture. On suit le fond de la vallée, on traverse l'Arve au hameau des Praz, et, après avoir dépassé le hameau des Bois, où il faut mettre pied à terre, on arrive en serpentant à travers des blocs de rochers en désordre, des flaques d'eau sur lesquelles sont posées des planches, à la muraille du glacier, qui se montre par sa tranche fendillée, tourmentée, pleine d'anfractuosités, de stries et de coupures dont le bleu vert raye de hachures colorées la transparente blancheur de la masse.

Un guide, qui se tient dans un petit chalet décoré de photographies, nous mena voir un peu malgré nous la curiosité qu'il exploite. On paye cinquante centimes par personne; ce n'est pas cher, sans doute, mais cela vous détourne de votre but. C'est une sorte de *cave d'azur,* un trou dans le flanc du glacier, que nous soupçonnons fort d'avoir été élargi et régularisé de main d'homme. A l'entrée, le jour pénétrant l'arcade de glace produit un effet assez magique. On avance, suivant dans la boue une planche étroite et protégé par un parapluie de coton contre les gouttelettes qui tombent de la voûte avec un tintement sonore. Quelques chandelles grésillantes, placées de loin en loin, jouent de leur mieux les feux de Bengale et tâchent inutilement de donner à cette caverne humide un aspect féerique. On revient sur ses pas et l'on se trouve avec plaisir hors de cette atmosphère moite et glaciale. Le tour est fait, et vous êtes libre d'aller admirer à quelques pas la grande arche de cristal par laquelle l'Arveiron sort en bouillonnant du glacier, impatient de se produire à la lumière, après avoir si longtemps cheminé sous les voûtes bleues de la Mer de glace, à travers des couloirs mystérieux, en jet, en torrent, en cascade, parmi l'entassement des blocs congelés et les décombres de cette architecture sans cesse minée et sans cesse renaissante. On plonge de l'œil sous cette arcade irrégulière, taillée dans la glace par l'impétuosité du torrent, mais il serait imprudent de s'y aventurer; plusieurs touristes ont payé de leur vie cette audace inutile, des blocs tombés de la voûte les ayant écrasés.

C'est du reste un site sauvage et grandiose. Les blanches dentelures du glacier se détachent en clair sur le vert sombre des forêts du Bochard et du Montanvert et sont majestueusement dominées par l'aiguille du Dru, qui lance son obélisque de granit à trois mille neuf cent six mètres dans la profondeur du ciel, et le premier plan est formé par le plus prodigieux fouillis de pierres, de roches, de blocs, qu'un peintre puisse souhaiter pour donner de la valeur à des fonds vaporeux. L'Arveiron écume et gronde à travers ce chaos et, après une demi-heure de course échevelée, va se perdre dans l'Arve.

V

D'après l'itinéraire que nous nous étions tracé, nous devions gagner Martigny en passant par la Tête-Noire, un trajet qui se fait à pied ou à dos de mulet. Ce n'est guère que vers la Tête-Noire que la route commence à être praticable pour les chars légers du pays, mais il vaut mieux ne pas y recourir.

Vers les sept heures, chacun se hissa sur sa bête, et, accompagnée de ses guides, la caravane se mit joyeusement en marche. Argentières fut bientôt dépassé, et l'on s'engagea, en tirant vers le nord-ouest, dans une gorge étroite d'un aspect sauvage et d'une pente assez âpre, qu'on appelle les Montets. On a perdu de vue l'Arve, qu'on avait pris l'habitude d'entendre gronder et bouillonner auprès de soi, et la vallée de Chamonix commence à disparaître dans le lointain. Un sentier rocailleux vous conduit à un pauvre village nommé Trelichent, et de là au sommet de ce col qui donne accès dans un autre bassin de montagnes. Les eaux qui couraient toutes vers l'Arve et s'y rejoignaient, prennent une autre direction et vont porter leur tribut au torrent du Trient, qui les remet au Rhône.

On redescend de ce col, par de nombreux contours, au fond d'une vallée farouche et sinistre, sur des éboulis et de pâles gazons frileux que visite rarement le soleil. Du sommet des montagnes tombent des torrents immobiles de pierres, de blocs, de roches dans un désordre chaotique, lits ordinaires des avalanches qui s'y précipitent avec le bruit et la rapidité de la foudre, renversant tout autour d'elles rien que par la pression atmosphérique. Aux avalanches de l'hiver succèdent les fontes du printemps, dont les ravages ne sont pas moindres. Ce champ de bataille, où luttent avec fureur les forces aveugles de la nature, présente un spectacle d'une désolation grandiose, fait pour frapper vivement les esprits même les moins poétiques. On contemple avec stupeur cette ruine immense, cet écroulement colossal, cette large plaie béante au flanc de la montagne que rien ne peut cicatriser. On se sent en présence de forces irréductibles que l'homme, avec toute sa science, est incapable de maîtriser ou de diriger. La montagne se passe parfaitement de lui ; elle a devancé sa présence sur la terre et se tiendra encore debout lorsqu'il ne sera plus qu'une poussière oubliée des êtres inconnus qui lui succéderont. Il résulte parfois de cette énormité impassible une sorte d'accablement qui attriste l'enthousiasme qu'inspire la beauté du spectacle.

Non loin d'un de ces gigantesques éboulements, s'élève une croix de pierre consacrée à la mémoire d'un jeune gentilhomme savoisien, surpris par une avalanche dans ce lieu sinistre, il y a quelques années. Cette inscription sur le lieu même où l'incident peut se renouveler vous rend un peu rêveur.

De larges plaques de neige s'étalent avec leur blancheur livide et salie par le piétinement des bestiaux, des mulets et des voyageurs qui les traversent dans le fond de la vallée, et persistent jusqu'au mois de juin ou de juillet. C'est une sensation singulière de marcher dans la neige en plein été, surtout quand on la rencontre beaucoup plus bas que les régions où elle ne fond jamais. C'est comme un bout du linceul de l'hiver qui traîne encore sur la prairie. De petites vaches, suivies de leurs gardeuses, passaient agitant leur clochette, et mêlaient la pensée de l'activité humaine à la solitude farouche du lieu. On pouvait vivre dans ce désert !

Bientôt les bandes blanches disparaissent, et l'on chemine entre deux murailles de montagnes, dont le pied encombré de roches nourrit quelques sapins et quelques autres arbres que n'effraye pas une température assez froide. Mais, comme la vallée s'élargit, des prés littéralement criblés de fleurs s'étendent de chaque côté de la route. Les rhododendrons font jaillir leurs bouquets roses entre les pierres moussues. Galamment les guides escaladent les pentes pour cueillir les touffes les plus fraîches et les offrir aux jeunes filles, qui ont bientôt à la main des spécimens de toute la flore alpestre. Des torrents courent çà et là, formant des cascatelles et de petites chutes, mais l'eau n'a plus cette couleur trouble et laiteuse qui distingue l'Arve et l'Arveiron. Elle est limpide et laisse voir le fond de roche de son lit. Près du hameau de Poya, sur la gauche, s'ouvre la vallée de Berard. Au bout de cette coupure, on aperçoit la cime du Buet brillantée de neige et une partie de ses glaciers.

De cette vallée sort l'eau de Berard qu'on appelle aussi l'Eau noire, par contraste avec l'eau blanche de Chamonix. En suivant ce ruisseau, on arrive à Valorsine, un village de chalets assez pittoresque, situé au pied d'une montagne couverte de forêts qu'on nomme le Gros-Perron. Quelques-uns de ces chalets, grossièrement bâtis en troncs de sapin, n'ayant d'autre jour que la porte, nous étonnaient par une bizarrerie de construction. Quatre disques de pierre posés sur des dés de même nature supportaient les quatre poteaux angulaires de la cabane. Nous en demandâmes la raison, et l'on nous dit que ces chalets servant à serrer du grain, on les isolait ainsi de terre pour que les souris et autres petits rongeurs ne pussent s'y introduire. Quand les souris rencontrent le disque, elles sont forcées de s'arrêter, car il faudrait y marcher comme les mouches au plafond. Le moyen, comme on voit, est aussi simple qu'ingénieux ; ainsi juchés, ces chalets ont l'air de caisses à fleurs portant sur quatre tables rondes.

L'église de Valorsine affecte une apparence de forteresse, et des bastions défendent le terre-plein sur lequel elle est bâtie. Ce n'est pas qu'elle ait à craindre une brusque invasion des Sarrasins, mais bien les avalanches et les éboulis de la montagne qui s'étendent jusque-là ; le rempart, faisant front à l'ennemi, lui dit : « Tu n'iras pas plus loin. »

On continue à suivre le cours de l'Eau noire, qui se creuse un passage de plus en plus profond dans ce défilé, dont elle anime la solitude par le fracas perpétuel de ses flots rapides. Tantôt le torrent se révolte contre des rochers, tantôt il baigne en courant des pentes gazonnées du vert le plus tendre.

D'autres fois il soulève les branches inférieures d'un sapin pendues sur lui. Mais toujours il bouillonne, il écume, lance des fumées blanches, descend à bonds précipités des escaliers de granit, et traîne sans craindre de la déchirer la queue de sa robe en toile d'argent à travers les anfractuosités de la montagne.

Ici la nature a un caractère différent de celui qu'elle offre dans la vallée de Chamonix ; elle est plus resserrée, plus sombre, plus farouche, moins grandiose sans doute, car on n'a pas toujours en perspective cette chaîne de montagnes veloutée de forêts, sillonnée de glaciers, couronnée de pics neigeux d'un si bel effet ; mais elle est sauvagement romantique, et, les proportions étant moins vastes, on peut plus facilement apprécier les détails. A droite, on a les Posettes et la cascade des Jours ; à gauche, le mont Lorins et le Gros-Perron.

On traverse l'Eau noire et bientôt l'on aperçoit la cascade de Barberine, qui tombe d'une hauteur de trois cents pieds, rebondissant sur le flanc de la montagne et s'engloutissant dans un abîme, d'où elle sort pour aller rejoindre, un peu plus loin, le torrent de l'Eau noire. Ce nom nous fit penser à la charmante pièce d'Alfred de Musset, la *Quenouille de Barberine*, et nous oubliâmes un instant la merveille de la nature pour la création du poète.

Pendant un instant, la douce figure de Barberine se dessina au fond de notre mémoire, demandant à travers la porte au chevalier emprisonné s'il avait filé la quenouille qui devait lui mériter sa pitance.

Nous aurions bien volontiers fait un détour et allongé notre route d'une heure ou deux pour aller voir de près cette magnifique cascade, dont les abords sont un peu difficiles, mais non dangereux, si le temps, qui jusque-là était resté beau, n'eût commencé à se gâter. Des flocons de nuages, s'épaississant de plus en plus, rampaient sur le flanc des montagnes, et déjà quelques gouttes de pluie avaient fait s'ouvrir les *en-tout-cas* de nos voyageuses. Nous-même avions tiré de notre portemanteau un surtout plus épais, car la température était assez froide au fond de cette gorge profonde, et quoiqu'on fût aux premiers jours de juin, les vêtements d'hiver eussent été aisément supportés. Une auberge se trouve à cet endroit, et nous y serions resté avec notre petite troupe, si nous n'eussions eu la crainte d'y être confinés pour plus longtemps que nous ne le voudrions par quelque pluie persistante. Il fallut donc nous contenter de regarder à la lorgnette Barberine secouant son écharpe argentée sur le fond sombre de la montagne, et nous continuâmes notre route. A quelque distance de là, une arcade et quelques fortifications à demi ruinées annoncent qu'on entre dans le Valais.

On repasse encore une fois l'Eau noire près d'un moulin pittoresquement situé au milieu d'une verdoyante prairie, sur un pont qui rappelle le pont du torrent des anciens mélodrames. Le traître n'aurait pas grand effort à faire pour pousser dans le gouffre la victime innocente, malheureuse et persécutée. A quelques pas du moulin, on rencontre une fontaine rustique avec un verre posé à côté du robinet pour l'usage du voyageur, détail qui rappelle les fontaines de l'Orient, et une inscription qui invite le passant à boire de cette eau fraîche, saine et limpide, et à déposer dans le tronc, suspendu sous le cartel, son aumône pour les pauvres, seule récompense de la bonne âme qui a pris soin d'élever ce petit monument dans ce lieu sauvage. Chacun de nous but une gorgée de cette eau, qui en effet est excellente et pareille à du diamant liquide, et mit une petite pièce de monnaie dans la boîte de sapin.

La pluie s'était contentée de nous asperger de quelques gouttelettes pour nous donner le conseil de faire hâter le pas de nos mulets, et ne pas trop nous attarder aux bagatelles de la route, si nous voulions arriver au gîte à temps.

Grossie du torrent de Barberine, l'Eau noire se

précipite avec une impétuosité plus farouche encore au fond d'un gouffre qu'elle affouille, et dont les parois s'escarpent de façon à donner le vertige aux têtes faibles qui se pencheraient sur cette profondeur. Le torrent, comme un trait de scie, divise jusqu'au bas l'énorme bloc de montagnes. Cependant le chemin qui côtoie le précipice d'un côté, et de l'autre une superbe forêt de sapins et de mélèzes, continue à monter par une pente assez douce sur des schistes et des pierres noirâtres, et vous mène bientôt à un rocher de couleur rougeâtre et surplombant de manière à pouvoir abriter une vingtaine de personnes. On l'appelle dans le pays Barme-Rousse, c'est-à-dire la barme ou la caverne rousse, à cause des tons ocreux qui oxydent sa surface.

Mais la Barme-Rousse n'était pas ce qui nous intéressait le plus, les nuages montant du fond de la vallée comme la fumée d'un feu invisible nous voilaient à demi le revers opposé de la gorge. Nous n'apercevions plus la verdure sombre des sapins, les parois dénudées des escarpements qu'à travers une sorte de gaze; les brouillards se pelotonnaient, se groupaient, se massaient, s'allongeaient en zones grisâtres, assez semblables à ces morceaux de toile chargés au théâtre de représenter le ciel et qu'on nomme bandes d'air. Souvent la portion inférieure de la bande s'effrangeait comme une mousseline qu'on effiloche et laissait tomber la pluie trop lourde sous forme de vapeur. Parfois la cime de la chaîne séparée de la terre par un banc de nuages prenait l'apparence d'une île dans un océan laiteux, puis le bouillonnement de la nuée recouvrait tout comme la marée submerge l'écueil visible à marée basse. A d'autres endroits, la vapeur envahissait le chemin, et nous marchions comme les dieux d'Homère enveloppés d'un nuage.

Nous en sortions, au bout de quelques minutes, un peu humides, car ce brouillard n'est que de la pluie en suspension. De nouveau se dressaient les sapins séculaires, reprenant toujours leur perpendicularité, même lorsque le poids de quelque bloc roulé des hauteurs a fait dévier leur tronc à la base. Sur les pentes où ils s'accrochaient, luisaient les mousses les plus fraîches et les plus veloutées, les saxifrages, et toutes ces plantes sauvages et fortes qui n'ont besoin pour pousser que de l'interstice de deux pierres. On ne saurait imaginer rien de plus magnifique, de plus robuste et de plus vivace que cette forêt. Sur la gauche, le précipice se creusait à de vertigineuses profondeurs, presque vertical, et rendu plus effrayant encore par la vapeur qui, en l'estompant, lui prêtait l'aspect de puits de l'Abîme dans l'Apocalypse. Une barrière de bois garnissant cette partie de la route rassurait l'ima-

18.

gination, car il n'y a aucun danger réel, et nous rencontrions des gens du pays portant du merrain et des pierres sur de petits chars qui rappellent un peu les telegas de Russie. Les gens et les bêtes cheminaient avec la même tranquillité que sur une grande route impériale de France.

Quand on est parvenu à ce point, la montagne de la Tête-Noire barre la route d'une de ses arêtes ; mais on a creusé dans le massif une voûte d'une trentaine de pas de longueur, et l'obstacle est franchi. Au bout de quelques pas, on descend de mulet devant l'auberge de la Tête-Noire, bâtie près d'un énorme bloc erratique qu'on désigne sous le nom de Chapeau, quoiqu'il ne ressemble pas plus à un gibus qu'à un sombrero ; mais il ne faut pas chercher chicane à ces appellations naïves : il se peut bien après tout que, sous un certain point de vue, ce rocher représente pour un œil plein de bonne volonté un vieux chapeau bossué et ayant reçu ce que les gamins, dans leur style peu académique, appellent un fameux renfoncement.

Près de ce rocher, se trouve une fontaine à la mode suisse, c'est-à-dire une auge de planches avec un poteau en forme de colonne, d'où l'eau s'épanche par un robinet. Non loin de là, s'élève un chalet qui sert d'écurie et de magasin à fourrages.

L'auberge est bâtie en pierres avec des murs très épais pour garantir du froid souvent assez vif à ces hauteurs même en été, et résister à la violence des ouragans parfois terribles qui s'engouffrent dans ce passage. En face, comme le noyau d'un futur village, s'élève une maison neuve dont le rez-de-chaussée est occupé par un magasin de curiosités alpestres, et le premier étage par les chambres des guides. Nous devions coucher à la Tête-Noire, car la journée était trop avancée et le temps trop mauvais pour essayer de doubler l'étape et de pousser jusqu'à Martigny, quand même la fatigue de nos mulets et de nos conducteurs, qui avaient fait la route à pied, nous l'eût permis.

Pendant qu'on apprêtait notre repas, malgré les nuages qui laissaient tomber de leur carquois quelques flèches de pluie, nous poussâmes une petite reconnaissance sur la route, qui fait un détour et prend une autre direction après qu'on a dépassé l'auberge. Ce passage est appelé la *Tête-Noire*, à cause de la montagne de ce nom, toute couverte de verdures sombres et dont le sommet ne peut s'apercevoir d'en bas. De l'autre côté du gouffre hérissé de sapins et de roches où court l'Eau noire avec une rapidité convulsive, dans une ombre où ne descend jamais un rayon de soleil, au fond d'une coupure de quelques pieds, invisible parfois et trahie seulement par ses sourds abois, s'élève une montagne plus haute encore que celle qui donne son nom au défilé. Elle est d'un aspect sauvage, formidable et désolé. A travers les trous des nuages qui se déchiraient à ses aspérités, on entrevoyait ses parois abruptes plaquées de taches d'un vert sombre, ravinées par le passage des torrents et des avalanches, percées par les pointes des rochers. Tout ce site, estompé à demi par les vapeurs que le vent promenait de cime en cime, est d'un caractère sérieux, grandiose et fait à souhait pour un peintre de paysage romantique.

Si le temps eût été clair, nous eussions vu en face de la Tête-Noire le mont du Bel-Oiseau, et tout là-bas, dans le prolongement indéfini du lointain, la dent de Morcle et les cimes du grand Moveran, qui se haussent à cinq ou six lieues de là, sur le bord de l'horizon, de l'autre côté du Rhône. Mais les montagnes sont de grandes coquettes aimant à s'envelopper de voiles et ne se montrant pas tous les jours. On pourrait quelquefois passer des semaines sans soupçonner qu'on découvre de sa fenêtre le mont Blanc ou telle autre cime célèbre. Mais le rideau se déchire, le soleil luit et le spectacle féerique apparaît dans toute sa magnificence. Nous qui sommes un voyageur philosophe, habitué aux contrariétés et aux déceptions, loin de quereller la pluie, nous nous amusions à l'étudier de son point départ au milieu des nuages. En ce moment, il pleuvait au-dessous de nous, la nuée passant à nos pieds ; mais le nuage monta, et bientôt nous sentîmes sa moiteur. Au bord du précipice graduellement envahi par une fumée blanche, s'épanouissait, sans avoir peur de ces horreurs grandioses de la nature, une mignonne fleur d'églantier, fraîche et rose à plaisir, dont le vent faisait trembler un peu les feuilles, et qui de la pluie n'avait gardé qu'une larme dans son cœur.

VI

La pluie cessait ou tombait par ondées intermittentes, selon que le nuage s'éloignait, ou, fatigué de la porter, la secouait sur le toit de l'auberge ou les mélèzes de la route. C'est une sensation étrange que de voir ainsi la pluie à son point de départ et d'en être mouillé comme de première main. Forcées de rester dans la salle, les jeunes filles dessinaient sur leur album les points de vue encadrés par les fenêtres, et nous lisions le *Pierrot*, de M. Henri Rivière, acheté en passant à Bonneville : un livre intéressant est un compagnon utile en voyage. Il occupe les moments d'arrêt, de silence ou de fatigue, mêlant à propos la pensée humaine au spectacle des choses. Cependant l'annonce du souper fut bien accueillie, non qu'on eût grand'-faim, mais quand on entend le vent siffler dans les arbres et les gouttes d'eau tinter contre les vitres, le repas est une distraction. Rassemblés autour de la table, l'entretien se renoue et se ranime, chacun apporte ses remarques, et les détails de la journée se débattent et se fixent. Celui-ci a vu surtout les pierres, celle-là les fleurs. Tel autre a noté les effets de neige et de glacier, une quatrième s'est amusée de l'allure des mulets, de la conversation des guides, des rencontres faites en route, des petites terreurs aux descentes rapides. De toutes ces impressions diverses, on ferait un voyage modèle si on pouvait les réunir.

Comme on devait partir le lendemain de bonne heure, on ne prolongea pas trop la veillée et l'on monta se coucher dans des chambres fort propres et garnies du confortable nécessaire. Les lits étaient bons, et sous leurs couvertures surchargées de manteaux, car à ces altitudes le froid nocturne est assez vif, jeunes et vieux, passablement las, furent bientôt endormis.

Au réveil, nous courûmes à la fenêtre interroger le temps, qui ne nous répondit rien de bon. De grands nuages, sous forme de brouillard, enveloppaient la Tête-Noire. Ils se traînaient le long des cimes, laissant pendre sous eux des lambeaux grisâtres ou débordaient en bouillonnant les crêtes qu'ils dérobaient à la vue. Cet effet de brume à travers laquelle les objets estompés prenaient des apparences fantastiques ne manquait pas de poésie et valait peut-être bien le spectacle qu'il nous cachait.

Toute la bande fut bientôt sur pied, et l'on se mit en route après avoir payé une note un peu exagérée, mais qu'excusaient la position exceptionnelle de l'auberge, la difficulté des approvisionnements, le peu de temps que dure le passage des voyageurs. Il ne faut pas s'étonner qu'une côtelette coûte plus cher à douze cent quatre-vingts mètres au-dessus du niveau de la mer qu'en plaine. L'on est encore bien heureux de la trouver et que quelqu'un se donne la peine de la faire cuire à cette hauteur.

En sortant de la Tête-Noire le sentier tourne à droite, comme nous l'avons dit, et s'engage dans la vallée du Trient. Une rivière perd son nom quand elle se jette dans un fleuve. Ici, c'est le contraire, l'Eau noire reçoit le Trient et se débaptise. Son affluent l'absorbe, et c'est sous ce dernier nom qu'il ira rejoindre le Rhône.

Rien de plus sévère que cette gorge encaissée de montagnes à pics, assombrie par des forêts de sapins gigantesques, et au fond de laquelle gronde le Trient à travers l'obstacle des roches et des arbres arrachés. Les nuages qui cardaient leurs flocons aux flèches des sapins et des mélèzes, les fumées qui montaient de l'abîme rendaient encore plus farouche cette nature sauvage. En passant le long de ces rangées de sapins, dont les fûts ressemblent aux piliers d'une nef de cathédrale gothique, certaines illustrations de Gustave Doré nous revenaient en mémoire. Les aiguilles de Varens avec leurs apparences de tourelles nous avaient déjà rappelé, sur la route de Cluses à Saint-Martin, cet artiste qui, selon nous, a le mieux compris la montagne.

Si nous n'eussions pas été encapuchonnés par les nuages, nous aurions pu voir à Trient le beau glacier qui termine la vallée de Balme, et, un peu plus loin, le mont Ronaire et le Bovenaz, qui ne nous apparait que très confusément à travers la trame du brouillard. C'est entre ces montagnes que s'ouvre le passage de la Forclaz, espèce de plateau assez aride, qui donne accès dans le bassin où se trouve Martigny. La descente est longue et assez fatigante, surtout lorsque l'horizon embrumé vous ôte les perspectives qui font oublier que la selle du mulet commence à paraître dure. Nous ne pûmes voir que très imparfaitement cette belle vallée du Rhône qui s'ouvre vers le nord, et que bordent à diverses distances de magnifiques montagnes. Mais bientôt l'on sortit de la région des nuages, qui s'envolèrent comme des morceaux d'étoffe emportés par le vent. Le sentier, toujours rapide, mais praticable aux chars, descendait en zigzag à l'ombre des sapins, puis des hêtres, des châtaigniers, des merisiers, des noyers d'une extrême vigueur de végétation.

Souvent nous rencontrions de petites bandes de touristes avec leurs mulets et leurs guides, qui allaient à Chamonix par le chemin que nous venions de parcourir. On se saluait, les hommes de la main portée au chapeau, les femmes d'une inclinaison de tête et d'un sourire. Le beau sexe se montrait pour le moins aussi intrépide que le sexe laid dans ces excursions de montagnes, souvent fatigantes, parfois périlleuses. Il y avait aussi des piétons au long bâton ferré, portant un léger sac sur le dos, jeunes Anglais, artistes de Dusseldorf, étudiants allemands, qui nous jetaient un bonjour et filaient d'un pas ferme et régulier. Des chars transportant des tonneaux et annonçant la vendange prochaine nous forçaient de loin en loin à nous ranger tout au bord de la route, qui heureusement ne surplombait plus ces effroyables précipices où tournoie le vertige comme une chauve-souris affolée.

La vigne trouve dans cette vallée des pentes exposées au soleil, abritées des vents froids, où elle prospère et parvient heureusement à maturité.

Ses joyeux pampres, d'un vert chaud et vivace, égayent les yeux attristés par la froide verdure des sapins. On traverse plusieurs hameaux : Casse, Chavans, Sarmieux, Fontaine, et Les Rapes, pittoresquement disséminés dans un fouillis d'arbres magnifiques et de cultures plantureuses qu'avivent des sources ruisselant de toutes parts. On arrive à Martigny-le-Bourg, et bientôt, en suivant une allée d'arbres superbes, à Martigny-la-Ville.

Nous nous arrêtâmes à l'hôtel. C'est un magnifique bâtiment accommodé selon toutes les exigences du confortable moderne. Nous rentrions dans la vie civilisée avec ses aises, ses délicatesses, sa sécurité et son absence d'imprévu. Il nous fallut prendre congé de nos guides, non sans quelque regret; car ces braves gens s'étaient montrés si polis, si pleins d'attention et de prévenances, que nous nous étions déjà attachés à eux. Nous échangeâmes une bonne poignée de main, et ils s'en allèrent non sans nous bien remercier de les avoir défrayés pendant la route, car leur nourriture et celle de leurs bêtes sont à leur compte, ce qui réduit beaucoup leur modique salaire. Le tarif, que tout le monde trouve exorbitant, nous semble au contraire bien bas pour la peine qu'ils se donnent et la responsabilité qu'ils encourent.

Un déjeuner à la fourchette, aussi abondant que délicat, eut bien vite réparé nos forces. Après avoir fait un bout de toilette, la petite troupe s'entassa dans une calèche, et l'on partit pour visiter la gorge du Trient et la cascade de Pisse-Vache. Nous demandons pardon pour ce nom peu poétique, mais qui devait se présenter naturellement à un peuple de pasteurs. Un chef-d'œuvre de Paul Potter au musée de l'Ermitage ne porte-t-il pas une dénomination à peu près semblable?

La première chose qui frappe vos yeux en vous éloignant de l'hôtel, ce sont les ruines d'un château fort, perchées sur une colline où elles produisent un assez bon effet décoratif; car, au point de vue stratégique, ces anciennes défenses ne signifient plus rien. On rencontre souvent dans le Valais des restes de fortifications démantelées qui jadis protégeaient certains passages.

On chemine pendant une demi-heure entre une chaîne de montagnes et le Rhône, où vient de se jeter la Dranse qui baigne en passant Martigny, et l'on arrive à la gorge du Trient, une de ces « belles horreurs de la nature » que le touriste ne peut se dispenser de voir et qui mérite en effet qu'on s'y arrête. De la route, la gorge du Trient se présente sous l'aspect d'une grande fissure qui aurait lézardé du haut en bas la muraille du rocher. L'imagination du moyen âge y aurait vu un de ces grands coups d'épée dont les paladins fendaient les montagnes. Mais, à côté du spectacle grandiose, il y a un petit détail comique. Le sublime et le grotesque s'y mêlent dans la proportion recommandée par la préface de *Cromwell*. A l'entrée de la gorge du Trient, il y a un bureau de perception où un contrôleur vous remet gravement une contremarque qui vous autorise à visiter « la merveille. » Un franc pour un tel spectacle, ce n'est pas cher, à coup sûr ; mais cela produit un effet singulier de prendre son billet après avoir passé par une barrière en bois, comme quand on fait queue à la Porte-Saint-Martin ou à l'Ambigu-Comique pour aller voir une curiosité aussi profondément sauvage. Après tout, quand on y réfléchit, il est bien juste que les gens qui ont rendu possibles les abords de cette gorge farouche se payent de leurs dépenses et en retirent un profit.

Un chemin de planches semblable à un échafaudage plaqué contre un mur et porté par des potences de fer scellées dans le roc permet de contourner la paroi de la gorge pendant un certain espace de temps et de jouir sans risque et sans crainte de l'étrange beauté du spectacle, car une balustrade le côtoie. D'immenses rochers formant muraille et se rejoignant presque au sommet, de manière à ne laisser voir qu'une étroite bande de ciel, encaissent le torrent furieux qui se précipite, bouillonne, fait des remous et se tourmente entre les murs de sa prison avec des bonds et des mugissements léonins. La gorge se resserre et s'élargit selon les projections et les anfractuosités de la roche. A un certain endroit, vers le fond, le défilé s'arrondit en forme d'abside gothique. On dirait la salle capitulaire où les esprits de la montagne tiennent leur conseil. L'eau un peu apaisée ne vous assourdit pas autant de ses clameurs dans ce passage plus dormant et plus tranquille. Au fond, la coupure se resserre et s'écarte encore, et le torrent s'y débat avec rage; mais le frêle pont de bois tremblant au vent et au bruit de la cascade ne va pas plus loin, et l'on revient à son point de départ, c'est-à-dire au contrôle où l'on a pris son billet. Cette gorge du Trient est vraiment une belle chose. La grandeur des rochers, leur forme bizarre, le jour mystérieux qui règne au fond de cette caverne ouverte par le haut, la teinte sombre de l'eau qui ressemble au Cocyte, au Styx, ou à quelque autre torrent d'enfer, tout cela compose un tableau étonnant, grandiose et sublime.

La calèche qui nous attendait nous reprit, et, quelques minutes après, nous étions devant la cascade de Pisse-Vache.

La cascade de Pisse-Vache est formée par la Sallanche, qui se précipite à travers la brèche d'une immense muraille de roche dentelée de pics et de sapins d'une hauteur de trois ou quatre cents pieds. En ce moment, la chute était abondante, la fonte des neiges l'alimentait, et l'eau descendait en nappes incessantes, en fumées blanches, en brouillards de lumière qui s'évanouissaient comme les paillettes d'une bombe à pluie d'argent; le vent jouait avec ces gerbes et les éparpillait sur les rochers. A certaines heures de la journée, le soleil dessine jusqu'à deux ou trois arcs-en-ciel sur cette masse d'eau vaporisée, et les couleurs du prisme jouent sur cette fine gaze qui a pour fond la paroi sombre du rocher. On peut passer sous la cascade, dont l'eau forme comme une arche de cristal, et l'on complète la visite en montant par un frêle escalier de bois jusqu'à la hauteur d'où la cascade s'élance dans le vide. En portant ses regards vers le sommet de la montagne, on aperçoit la Sallanche qui accourt blanche d'écume dans un ravin encombré de roches.

Dans la plaine, au bas de la cascade, l'eau forme plusieurs mares qui s'écoulent par des canaux et vont grossir le Rhône. Il n'est pas besoin de dire que près de Pisse-Vache s'élève une auberge avec cabinet et magasin de curiosités alpestres.

Nous avions accompli consciencieusement nos fonctions de touriste. Il ne nous restait plus qu'à retourner à l'hôtel pour souper, dormir et partir le matin par le bateau à vapeur du Léman, qu'on rejoint à Villeneuve, tout au fond du lac.

VII

Le chemin de fer vous conduit de Martigny à Villeneuve, où l'on prend le bateau à vapeur pour Genève. C'est là que finit, recourbé comme une faucille d'azur, le Léman, ce lac merveilleux, morceau de Méditerranée transporté en Suisse. Le pyroscaphe impatient de partir lançait sa blanche fumée ; la cloche tinta, les voyageurs se hâtèrent, la passerelle fut retirée, le câble levé, et les aubes commencèrent à fouetter l'eau. Le Léman, comme on le sait, ne contient pas d'îles, excepté près de Villeneuve une étroite pointe de terrain, sommet d'un pic submergé sur lequel est poussé un arbre, et l'île de J.-J. Rousseau, près de Genève, que traverse le nouveau pont du Mont-Blanc. Cet arbre unique, qui semble sortir de l'eau, est d'un effet singulier. Byron parle de cette île dans le *Prison-*

nier de Chillon, mais il la décrit comme plantée de trois arbres :

« Il y avait une petite île qui semblait me sourire, la seule qu'on pût apercevoir, une petite île verte ; elle ne paraissait pas plus large que le sol de mon cachot ; mais il y avait sur elle trois grands arbres, et par-dessus elle soufflaient les brises de la montagne, et autour d'elles les eaux du lac roulaient leurs vagues sur ses rives, et sur sa surface naissaient des fleurs aussi fraîches que belles. »

On découvre en effet cette île du château de Chillon, devant lequel nous allons bientôt passer ; et ce point de repère, au milieu de l'étendue azurée du lac, dut plus d'une fois attirer l'œil de Bonnivard, si pourtant la longueur de sa chaîne lui permettait d'atteindre le soupirail du cachot, ce qui est douteux, ou plutôt *ad inquirendum*, comme on dit en termes de blason.

Rien de plus charmant que de finir une excursion faite à dos de mulet à travers des sites assez rudes, par un trajet en bateau à vapeur sur un lac d'une admirable beauté, dont les rives fuyantes offrent un panorama sans cesse renouvelé. Le pont du bateau est assez vaste pour qu'on puisse s'y promener et ne vous impose pas ce supplice de l'immobilité qu'on subit en chemin de fer ou en diligence. De fraîches brises soufflent sous la tente qui vous abrite du soleil, et à notre sens il n'existe pas de manière plus agréable et plus commode de voyager.

Du côté de Villeneuve, le fond du lac est d'une beauté ravissante. Cette couleur un peu froide et dure qu'on peut reprocher aux plus beaux sites de la Suisse se fond ici en des teintes d'une suavité incomparable. Les montagnes qui bornent cette nappe de saphir, la dent de Naye, la dent de Jaman, les Pléiades, les Diablerets, la dent de Morcles, le mont Catogne, le mont Combin, la dent du Midi revêtent des tons que nous avons retrouvés seulement dans les montagnes de Grèce et les rochers des Cyclades baignés par l'azur intense de l'Archipel. Ce sont des gris de lin, des violets tendres, des roses d'hortensia, des bleus de cendre d'Égypte, des blancs nacrés, mais tout imprégnés et traversés de lumière, baignant dans une brume transparente et se distinguant à peine des eaux du lac où ils se reflètent et se prolongent. Souvent on n'est averti de la ligne qui limite les eaux que par une barque ouvrant ses voiles en ailes, tellement la couleur des montagnes est aérienne et légère. On dirait d'immenses étoffes gorge-de-pigeon capricieusement chiffonnées dont la frange trempe dans une cuve d'azur. Quelques paillettes de neige scintillant sur la cime des pics jettent leur note vive à travers cette vapeur lumineuse, et parfois au-dessus de la neige un nuage d'un blanc d'argent semble prolonger la montagne dans le ciel. Ce caractère de clarté azurée et sereine nous a toujours frappé sur le lac de Genève. C'est par là qu'il se sépare des autres lacs de la Suisse d'une beauté plus sauvage et plus alpestre. Toute cette partie du Léman pendant les beaux jours d'été, pour l'éclat du ciel et de l'eau, les contours harmonieux des rives, la couleur superbe des rochers, rappelle le golfe de Lépante, vers Loutraki; mais il ne faut pas se fier absolument à cette douceur apparente, le Léman ne sourit pas toujours, et il a ses instants de mauvaise humeur. Cette mer en miniature se donne parfois le luxe d'une tempête. Elle a une rose de vents spéciale. Chacun de ces vents a été baptisé par les bateliers du lac. Il y a d'abord le Vent proprement dit, qui vient du sud, ensuite le Joran du nord-est, le Bourguignon de l'ouest, la bise simple et la bise noire du nord, le Séchard du nord-est, le Vaudaire ou le Bornand du sud-ouest, le Molan de l'est. On voit qu'il faudrait un Éole helvétique pour gouverner tous ces vents locaux dont l'outre ne s'ouvre que sur certaines parties du lac; alors l'eau, si bleue et si limpide, prend des tons glauques et sinistres; de larges bandes violettes s'y dessinent, les petits flots deviennent d'énormes vagues qui déferlent à grand bruit sur les rives, lançant au loin des fumées d'écume, et le mal de mer incline vers les bordages les passagers des bateaux à vapeur vivement secoués par le tangage et le roulis ; mais pourquoi troubler avec ces images orageuses la tranquillité charmante de notre traversée?

Le bateau suivait la côte suisse, laissant bleuir à l'autre bord du lac la côte de Savoie avec ses amphithéâtres de montagnes vaporeuses. On passa devant le château de Chillon, bâti sur un rocher précipité dans le lac par un ancien éboulement. Des tours carrées, coiffées de toits pointus en tuiles, flanquent la forteresse percée d'étroites meurtrières et reliée au rivage par un pont de bois. Une grosse tour avec beffroi la signale de loin et produit un effet assez pittoresque; mais il faut bien le dire, on regarderait Chillon d'un œil assez distrait si les vers de lord Byron ne l'illuminaient d'un reflet de poésie. Chillon, que nous avons visité dans un autre voyage, est d'ailleurs plus curieux en dedans qu'au dehors. Nous avons vu le pilier autour duquel Bonnivard, attaché par sa chaîne, marchait en cercle usant les dalles de ses pas, admiré le reflet de grotte d'azur que le lac jette à de certaines heures aux voûtes du cachot; mais ce qui nous émut le plus vivement, ce fut le nom du grand Byron, incisé dans le granit du pilier, en lettres élégamment penchées et d'une fine tournure aristocratique.

On s'arrête à Montreux, une espèce de petite Provence suisse où le climat est d'une douceur exceptionnelle : on aperçoit ensuite Clarens, qui rappelle aux enthousiastes de Jean-Jacques Rousseau le baiser de Julie. Une strophe de Sainte-Beuve, en passant devant cette rive, nous voltigeait sur les lèvres comme un motif musical :

> N'est-il pas un sentier dans le myrte et la rose,
> Un bosquet de Clarens où le ramier se pose,
>   Où descend le baiser ?

Ces vers en éveillaient d'autres du même poète dans l'écho de notre mémoire :

> Là-bas aussi Montreux si tiède aux plus souffrants,
> Et fidèle à son nom ce doux nid de Clarens
>   Où l'hiver même a ses haleines.

Quel charme ajoute aux plus beaux lieux un souvenir poétique et littéraire ! La pensée humaine se mêle alors à la nature et lui donne une âme !

Rien de plus joli et de plus pittoresque que tous ces petits ports où touche le bateau à vapeur, déposant et prenant des passagers sur des débarcadères qui avancent plus ou moins dans le lac. Des hôtels magnifiques pour les voyageurs, des pensions pour les familles sédentaires étalent leurs riantes façades sur des fonds de luxuriante verdure. De coquettes constructions s'avancent jusque dans l'eau, et remplacent avantageusement les habitations lacustres où se retiraient comme des castors les sauvages des temps antéhistoriques, dont les ustensiles primitifs et les armes de pierre se retrouvent au musée de Lausanne.

Mais retournons-nous vers le Léman, et admirons les jeux que la lumière et l'ombre produisent à sa surface. Parfois une étroite zone d'un vert d'aigue-marine s'allonge près d'une bande offrant cette *teinte neutre* avec laquelle les aquarellistes ébauchent leur *dessous*. D'autres fois, c'est l'azur qui domine et colore un grand espace ; plus loin, sous un rayon de soleil, l'eau brille comme du vif-argent, et si le vent la frise, c'est un clapotis lumineux, un fourmillement diamanté qui vous éblouit. Il y a des moments où, en regardant vers Genève à travers un léger embrun, le ciel et le lac se confondent dans des tons laiteux et nacrés d'une délicatesse idéale, que Turner aurait seul pu rendre avec la magique transparence de ses *water-colours*. L'ombre d'un nuage qui passe au-dessus du lac rembrunit momentanément sa claire surface et fait valoir les portions que la lumière frappe. C'est un changement perpétuel, une variété infinie d'effets ; mais l'eau en elle-même conserve toujours sa limpidité bleue, et, quand on s'accoude au bordage du bateau à vapeur, on la voit filer sur les flancs noirs de la coque, battue par les aubes comme un fleuve de saphir à l'écume de diamants.

Les montagnes qui encadrent le Léman semblent emprunter ses couleurs, de même qu'il prend les reflets de leurs teintes. Une brume et comme une fumée de lumière adoucissait ce jour-là les arêtes aiguës des pics, les déchirements brusques des falaises, les grands plis des ravins, le contour des sommets sur le ciel, et tout s'arrangeait avec une admirable harmonie dans une gamme tendre, légère, vraie caresse de la couleur pour le regard.

Ce spectacle nous absorbait, et nous laissions fuir derrière nous les stations sans beaucoup nous en occuper ; toute cette rive de Suisse pourtant est charmante, les montagnes se reculent assez pour laisser entre elles et le lac une sorte de plaine d'une richesse et d'une fertilité extrêmes où les blanches villas brillent au milieu des fraîches verdures. Sur la côte de Savoie, on discerne à peine Saint-Gengolph, Évian, Thonon, comme à travers un voile de gaze bleuâtre.

A Prangins, la villa du prince Napoléon prolonge jusqu'au bord du lac ses jardins et ses terrasses. Les constructions du château, d'une élégance originale, forment du large un charmant point de vue. Nyon apparaît bientôt avec ses maisons aux toits surmontés de pignons en fer-blanc, ses tours carrées au faîte pointu et ses murs que dépassent des touffes d'arbres; puis vient Coppet, que peuple le souvenir de Mme de Staël et de ses illustres amis, et en quelques tours de roue on est dans le port de Genève, après avoir parcouru le lac d'un bout à l'autre, c'est-à-dire franchi dix-huit lieues.

Nos amis de Genève nous attendaient sur le port, et au bout de quelques minutes nous étions rentrés à la villa. Notre petite expédition était terminée.

Pour compléter nos tableaux de montagnes, qu'on nous permette de placer ici un léger croquis panoramique pris des *Treize arbres* sur le grand Salève. Quand on regarde cette montagne de Genève, dans l'échancrure qui sépare le petit Salève du grand Salève, on distingue un château qui paraît inaccessible, mais auquel on peut arriver en prenant la montagne à revers; car, si le Salève ne montre à la ville de Calvin que ses grandes zones calcaires et ses escarpements dénudés, il est sur l'autre face beaucoup moins sourcilleux et beaucoup plus pittoresque. On arrive en voiture jusqu'à cette gorge, où s'abrite le village de Monnetier entre les deux croupes de la montagne. La route, quoique d'une pente assez raide, est fort belle, et à mesure qu'on s'élève, découvre des points de vue superbes. On chemine entre de grands arbres d'une verdure touffue et luxuriante, et des maisons coquettement ornées de balcons et de vérandas, à demi enfouies dans les lierres, les glycines, les volubilis et autres plantes grimpantes, qui éveillent des idées de repos, de bien-être et de retraite philosophique. Ce sont des *pensions*, c'est-à-dire des hôtels où, pour une somme modique, on peut mener à peu près la vie de famille sans le souci du ménage. Qui a besoin d'air pur, de soleil tiède et d'ombre fraîche n'a qu'à louer une de ces chambres si bien exposées. Toutes ces jolies maisons égayent la route, qui, après quelques lacets sur des terrains plus âpres, atteint le niveau du ciel. Un récent orage avait brisé sur son piédestal de roche une grande croix de granit, qui gisait encore à terre. La foudre atteint souvent ces croix que la piété dresse sur les hauts lieux. Non loin de là, une belle école toute neuve, de style néo-gothique, surmontée d'un beffroi, nous expliqua la quantité de petites filles que nous avions rencontrées dans la montagne, courant, leurs livres sous le bras, avec une conscience digne d'éloges, pour se rendre à la classe.

Cette gorge, du caractère le plus riant, où prospèrent des cultures qui sembleraient demander des terres moins élevées, recèle le village ou bourg de Monnetier, qui est comme le Saint-Cloud de Genève, et où l'on va faire des parties le dimanche. De petites diligences légères y amènent des cargaisons de voyageurs. Comme nous avions choisi pour notre excursion un jour de la semaine, il n'y avait d'autres visiteurs que quelques étrangers, la plupart Anglais, comme toujours. Nous n'eûmes donc aucune peine à nous faire servir à déjeuner dans un cabinet de verdure que surmontaient deux grands cyprès. La vieille auberge a produit un magnifique hôtel qui lui fait face et qui porte ce titre : « A la Reconnaissance. » Dans la cour de cet hôtel, nous vîmes des garçons qui laissaient filer au fond d'un puits d'une grande profondeur des bouteilles de vin de Champagne, enfermées dans un panier en fil de fer, et qui en remontaient d'autres suffisamment rafraîchies. La glace cependant n'est pas rare en ce pays d'alpes.

Après le déjeuner, on envoya chercher des ânes pour l'ascension au plateau des *Treize arbres*, le point le plus élevé du grand Salève. Ils étaient fort gentils avec leur pelage gris ou noir et très proprement harnachés. Si les mulets ont l'habitude de marcher invariablement et opiniâtrément à la file, les ânes au contraire se mettent en troupeau comme les moutons, se serrant les uns contre les autres, mêlant les bottes aux jupes et trottant en groupe compact. Il est impossible d'en détacher un seul de la masse et de le forcer à cheminer sur une autre ligne.

Nous voilà donc suivant sur les flancs de la montagne les zigzags de la route. Déjà Monnetier et le grand hôtel se montraient au fond de leur gorge avec ces perspectives bizarres des plans à vol d'oiseau qui donnent au paysage des lignes inaccoutumées.

Le petit Salève, qui tout à l'heure paraissait si fier, commence à s'abaisser. On domine son plateau, et il semble se fondre dans l'immense horizon comme une simple butte.

Cependant les ânes grimpent toujours; mais, arrivés à un tournant de chemin qui forme une espèce de repos, ils rompent les rangs et courent tous vers le bord d'un précipice de douze ou quinze pieds, tout à fait à pic, heureusement bordé d'un garde-fou en pierre. Puis, s'arrêtant brusquement, ils allongent la tête au-dessus du parapet, et semblent prendre grand plaisir à contempler l'abîme. Nous ne soupçonnions pas les ânes d'être si artistes et d'avoir un goût si prononcé pour les beaux points de vue. On essayerait vainement de les faire reculer d'un pas. Ils regardent cette halte de dix minutes comme un droit acquis et désormais imprescriptible. « Philistins de toute nation, vous voulez admirer la nature : Eh bien, admirez-la, pendant ce temps, nous reprendrons un peu haleine. » Ce raisonnement asinique est juste au fond, mais il n'est pas agréable, surtout pour ceux qui ont le vertige, d'être ainsi penché sur le vide vague et bleuâtre.

Le chemin cesse d'être praticable à l'endroit où se trouve une chaumière, dont l'hôtesse vend du vin, de la bière, du kirsch, et du lait pour ceux qui ont l'humeur pastorale ; mais il ne faut plus que quelques minutes de marche pour gagner le sommet de la montagne. Ses treize arbres dessinent en plein ciel leur silhouette tourmentée près d'un bâtiment qui est à la fois une ferme et une guinguette. De belles vaches rôdent autour des tables, vous regardant de leur grand œil doux, auquel Homère compare l'œil de Junon.

Arrivé là, on est comme enveloppé d'un éblouissement d'air et de lumière. L'immensité s'étend autour de vous dans tous les sens, et le vaste panorama des Alpes se déploie. Le temps était beau ce jour-là, et l'on ne saurait s'imaginer la magnificence de couleur dont se revêtent, comme de robes de fête, les montagnes assises en cercle à l'horizon. Du sommet où nous étions montés, se précipitaient vers les vallées des pentes rapides plus ou moins boisées, et dans les profondeurs nous apercevions les cultures formant comme des cartes d'échantillons, les villages semblables à des joujoux de Nuremberg, et les cours d'eau pareils à des serpents qui reluiraient par places. Genève apparaissait toute petite à l'extrémité du lac, dont la nappe d'azur se prolongeait dans la vapeur lumineuse, et la haute muraille du Jura traçait sa grande ligne du côté de la France, dont la porte est le fort de l'Écluse.

En nous tournant un peu, nous avions devant nous les Voirons, aux larges et puissantes ondulations, le Môle, plus brusque d'escarpement, qui semblaient, au soleil, drapés d'une superbe étoffe violette à trames d'or, et par-dessus tout un tumulte de montagnes le mont Blanc, le roi des Alpes, le monarque, comme l'appellent les guides, avec toutes les pointes de son diadème neigeux, dans sa sérénité majestueuse, regardant de haut toutes ces cimes comme un géant parmi des nains. Pour voir quelque chose, le grand vieillard alpestre doit baisser les yeux. Le ciel seul est à son niveau. Avant de redescendre de ce plateau d'où nous lui disions adieu, nous lui demandâmes pardon d'avoir si faiblement parlé de sa beauté et de sa grandeur mais les montagnes sont plus indulgentes que les hommes et elles savent que leur langage de granit n'est pas facile à traduire.

1868.

LE MONT CERVIN

LE MONT CERVIN

I

DE BEX A VIÈGE

Cette fois, le point de départ de notre excursion était Bex, un charmant village peuplé de pensions, où le climat est d'une douceur exceptionnelle. Nul abri ne convient mieux à qui, un peu fatigué ou sur une fin de convalescence, veut mener une vie tranquille dans un air excellent. Sur la place entourée d'ombrages et de maisons riantes, s'élève une église à flèche aiguë d'un assez joli caractère, et, à un plan plus reculé, des montagnes glacées de neige au sommet forment un amphithéâtre vaporeux où flottent parfois des bandes de nuages légers. Les prétextes de promenade ne manquent pas autour de Bex. On va visiter les salines, la Combaz, la tour de Duin, Saint-Triphon, l'église de Choex, la vallée de Frenières, les Diablerets, un bloc erratique, le plus considérable qu'on ait encore trouvé dans les Alpes, et qui semble une de ces monstrueuses roches lancées par les Titans contre le ciel et retombée à terre, le val d'Illiez, Champéry et d'autres endroits qu'il est inutile d'indiquer, car ils ne rentrent pas dans notre itinéraire.

Le val d'Illiez est une excursion charmante qui ne demande qu'un jour et qu'on peut faire en voiture sans le moindre risque. Cette belle vallée, au fond de laquelle court la Viège, se creuse entre de hautes montagnes; mais son bassin est assez vaste pour que la lumière s'y joue et que le soleil puisse dorer d'admirables prairies semées de chalets dont les tons chauds contrastent avec la fraîcheur du vert. Ces premiers plans d'une riche couleur font valoir les tons gris bleuâtre des Alpes vaudoises qui se dessinent dans le lointain. Des arbres d'une végétation puissante croissent sur le bord du chemin et y projettent une ombre transparente. Bientôt l'on se trouve aux Trois-Torrents, un joli village dont l'église perchée sur un terre-plein escarpé produit un effet pittoresque; il doit son nom à la réunion de trois cours d'eau. Là nous fîmes halte, et, tirant de la voiture notre panier à provisions, nous allâmes nous installer sur les poutres d'une scierie au-dessus d'un des trois torrents, dont l'écume bouillonnait sous nos pieds avec une turbulence joyeuse, tombant au fond d'une gorge étroite et rebondissant de rocher en rocher. Une scierie fait toujours bien dans le paysage; les tons saumonés des planches nouvellement débitées, mises en tas autour de la fabrique, font des réveillons et des rappels de lumière dont les peintres profitent ou devraient bien profiter, car il est rare qu'ils mettent en œuvre ces motifs si heureux, nous ne savons pourquoi. Plus haut que la scierie et plus avant dans la coupure tournait un moulin fait de pierrailles et de bouts de bois, très incomplet et très arriéré sans doute sous le rapport de la minoterie, mais très réjouissant à voir dans ce fouillis de plantes et de rochers, avec sa lourde roue verdie de mousse et blanche d'écume. Un étroit sentier conduisait de la scierie au moulin. Une vipère, ou, pour rendre la chose moins dramatique, une couleuvre essaya de barrer le chemin à nos fillettes en se levant sur sa queue et en sifflant; mais elle jugea plus prudent de regagner son trou sous des racines d'arbres et de disparaître; une menace d'ombrelle l'avait effrayée.

La petite bande remonta en calèche et, tout en plongeant du bord de la route sur les admirables points de vue de la vallée, ne tarda pas à rencontrer le *nant* de Fayod, une cascade qui tombe de quarante-cinq mètres de haut le long d'une paroi de roche, et traverse le chemin sous un pont qu'on était en train de refaire. Près de là étaient groupées quelques paysannes, sans doute les femmes des ouvriers, ayant une coiffure assez pittoresque, consistant en un petit chapeau entouré d'un large ruban plissé, de façon à rappeler un peu la couronne murale de Cybèle. Dans cette vallée, dont les habitants prétendent descendre des soldats romains échappés au massacre de la légion Thébaine, il y a des villages dont toutes les femmes, à ce qu'on dit, portent le costume masculin, plus commode probablement pour leurs travaux. Quant à nous, la vérité nous pousse à dire que nous n'en avons pas rencontré une seule travestie de la sorte; ce qu'on explique par une pudeur qui fait se retirer dans la montagnes ces bloomeristes helvétiques, quand les étrangers envahissent le val d'Illiez, solitaire pendant neuf mois de l'année.

Champéry, qui s'élève au plus haut point du val, se compose de quelques chalets, de plusieurs grands hôtels ou pensions, et d'une église dont le clocher se termine non par un toit ni par une flèche, mais par une balustrade sur laquelle s'appuient quatre arcs en pierre évidés à jour, portant un lanternon à leur point d'intersection et rappelant la forme d'une couronne fermée.

Sur le portail de cette église est tracée une inscription mystérieuse qui, à première lecture, semble n'offrir aucun sens. Elle est disposée ainsi sur trois lignes :

QUOD AN TRIS MULCE PA
GUIS TI DINE VIT
HOC SAN CHRIS DULCE LA

Ce cryptogramme nous fit penser au *Scarabée d'or* d'Edgar Poë, et un certain amour-propre de le pénétrer s'empara de nous. La tâche était moins difficile que de retrouver l'indication du trésor dans le chiffre à demi effacé du capitaine Kidd. Nous n'avions pas à découvrir la langue de l'inscription. Ces syllabes bizarrement séparées les unes des autres et rangées avec l'intention de dérouter le curieux étaient sans aucun doute latines. Nous y entrevoyions vaguement un sens que nous ne pouvions faire cadrer avec les mots ; mais, au bout de quelques minutes, nous découvrîmes que les syllabes de la ligne intermédiaire, en les remontant à la première, complétaient les mots tronqués et donnaient pour résultat la phrase suivante :

Quod anguis tristi mulcedine pavit.

Restait la troisième ligne dont le sens ne se dégageait pas encore. Nous renversâmes l'opération. Les syllabes finales descendues formaient des mots intelligibles et s'ajustaient aux syllabes d'attente, et l'inscription entière devait se lire de la sorte :

Quod anguis tristi mulcedine pavit
Hoc sanguis Christi dulcedine lavit.

Ce qui compose deux vers léonins, c'est-à-dire rimés à la césure et à la fin du vers, auxquels il manque un pied pour être des hexamètres, et qui ne sont pas des pentamètres, car ils finissent par des spondées. Ils sont écrits dans une langue de décadence, et, à l'aspect de ce vocable *mulcedo*, qui n'est guère employé que par Aulu-Gelle et Sidoine Apollinaire, Jehan, l'escholier de Notre-Dame de Paris, s'écrierait avec un soupir : *Eheu! bassa latinitas!* Cette inscription, outre ses rimes léonines, en contient deux autres qui se superposent régulièrement : *anguis, sanguis*, dans le premier hémistiche ; *mulcedine, dulcedine* dans le second : en sorte que tous les mots des deux vers, sauf les monosyllabes *hoc* et *quod* qui les commencent, riment avec une richesse extraordinaire. Le moyen âge aimait ces tours de force de rythme, ces symétries compliquées, ces parallélismes laborieux et ces formes énigmatiques qui prêtent à une pensée très chrétienne et très orthodoxe d'ailleurs une apparence de cabale. Ce latin si bizarrement arrangé veut dire tout simplement : « Ce que le serpent a repu de sa triste flatterie, le sang du Christ l'a purifié par sa douceur. »

Nous aurions pu nous éviter ce petit travail en nous adressant au curé de l'église, qui se promenait dans son jardin, à côté du cimetière, cueillant un bouquet de roses qu'il offrait à nos jeunes filles avec la charmante galanterie du vieillard et du prêtre, mais nous voulions deviner ce mystère tout seul, et comme il nous fallait être de retour à Bex pour l'heure du dîner, nous résistâmes à la proposition d'aller voir une grotte à stalactites qu'on appelle la Combe ou la Baume de Vètre. La vue de la tour Sallières et de la dent du Midi, qu'on découvre en plein de la place du village, nous suffisait.

Champéry, du moins l'été, est une véritable colonie anglaise. On y rencontre à chaque pas des bandes de jeunes misses et de babies aux jambes nues, dont les longs cheveux en spirale flottent sur le dos. On y voit aussi de ces grands garçons dont l'adolescence prolongée s'attirerait les sarcasmes des gavroches parisiens, mais qui n'en sont pas moins de lestes et vigoureux boys, employant à escalader les montagnes dans l'air pur et salubre le temps que les autres perdent à patiner sur l'asphalte des boulevards, parmi le coudoiement des drôlesses et la fumée des cigares, rabougris par une corruption précoce.

Le retour nous prit moins de temps que l'aller, car Champéry est à douze cent vingt-deux mètres au-dessus du niveau de la mer et l'on n'y arrive que par de longues montées, et notre calèche, menée par un cocher hardi, descendit rapidement les pentes qu'elle avait lentement gravies. Quelquefois même nous eussions désiré une vitesse moindre en regardant les respectables profondeurs qui se creusaient près de la route.

Le lendemain, de bonne heure, nos préparatifs étaient faits, et nous étions à la gare du chemin de de fer qui va de Bex à Sion, car notre projet était d'aller jusqu'au mont Cervin par la vallée du Rhône, la vallée de Saint-Nicolas et Zermatt. Nous revîmes en passant la cascade de Pisse-Vache, panachée d'un arc-en-ciel, la noire coupure du Trient et les hautes murailles de montagnes bleuâtres qui bordent la plaine.

Sion se présente aux yeux d'une façon pittoresque, avec ses deux rochers couronnés de ruines, ses fortifications démantelées, ses clochers et ses tours, qui lui donnent de loin l'apparence d'une ville du moyen âge respectée par la civilisation. L'intérieur ne dément pas trop cette première impression : des rues tortueuses, escarpées, de hautes maisons à balcons en serrurerie compliquée, à portes basses ferrées solidement, ramènent assez l'idée à cette époque où chacun tâchait de faire de son logis une forteresse, et où il n'y avait pas d'édilité amoureuse de la ligne droite. Nous nous arrêtâmes au Lion-d'Or, sur une place où s'est concentré le mouvement de la ville. Le spectacle était des plus animés. Sion est le point de départ des voyageurs pour l'Italie et beaucoup d'autres endroits. Une carrosserie nombreuse et bizarre encombrait ce carrefour triangulaire, attendant la pratique ; il y avait là des berlingots de toutes les formes imaginables, des calèches, des chars à bancs, des chaises assises de côté sur les brancards, des espèces de droschkys ; des chaises de poste attelées de quatre chevaux, dont les harnais étaient constellés de bossettes de cuivre ; des landaus de modèle suranné, des phaétons comme on en voit dans les vieilles gravures de l'Encyclopédie. On eût retrouvé parmi ces voitures fantastiques la *Désobligeante* de Sterne. Nous louâmes une calèche assez confortable, qui devait nous mener à Viège, et, en attendant que le déjeuner fût prêt, nous allâmes visiter les ruines dont nous avions aperçu la silhouette.

L'hôtel de ville, qui se trouve sur la route, est un bâtiment d'une architecture robuste et farouche, ayant du caractère. On y lit dans des cartouches, sur les linteaux des portes, cette inscription souvent répétée : « *Dilexit Dominus Deus portas Sion super omnia tabernacula.* » L'épigraphie du moyen âge ne hait pas ces sortes de calembours bibliques.

Quoiqu'il ne fût guère plus de dix heures du matin, la morsure du soleil était déjà vive. Un ciel d'un bleu égyptien versait une clarté étincelante et les cailloux luisaient comme s'ils eussent été frottés; la chaleur rappelait la température d'Espagne ou d'Afrique, et nous marchions soigneusement dans l'étroite ligne sombre projetée par les remparts qui escaladent le rocher. Le château assis sur le sommet, où nous parvînmes au bout de vingt minutes d'ascension, s'appelle le château de Valéria et fut, dit-on, bâti par Valérius, général romain. Ce qu'il y a de sûr, c'est qu'il est fort ancien et fait bonne figure au faîte de cette roche avec ses hautes murailles lézardées, ses tours à quatre pans, ses créneaux profondément dentelés, et son vieux système de défenses que Viollet-le-Duc

LE MONT CERVIN.   253

expliquerait mieux que nous. On y entre par un porche à ogive fruste ouvert au bas d'une grosse tour carrée, et l'on arrive à travers des constructions à demi ruinées, dont il serait difficile de déterminer l'usage primitif, jusqu'à un plateau où s'élève l'église de la Vierge, d'un style assez barbare, et qui n'a rien de remarquable que des restes de vieilles fresques dont les couleurs s'évanouissent comme des reflets de vitraux sur les murailles humides.

On aperçoit de là une vue admirable ; la ville de Sion, en abîme, hérisse ses toits et ses clochers au centre d'un amphithéâtre de montagnes qui prenaient, sous ces voiles de lumière, des teintes de violette et de pervenche d'une suavité idéale. Le regard s'étend jusqu'à Leuk, découvre les hautes montagnes qui séparent le Valais du Piémont, les vallées d'Hérins et de Nenidas et les Mayens de Sion.

L'autre rocher, détaché de celui-ci par une étroite et profonde déchirure, au fond de laquelle se trouve la petite église de *Tous-les-saints*, porte à son sommet les ruines d'un château nommé le *Château du tourbillon* bâti en 1294, par l'évêque Challaut, et détruit par l'incendie en 1788 ; il n'en reste guère que l'enceinte crénelée et les tours qui flanquent les murailles.

Ce jour-là, grâce à la splendeur de la lumière, ce rocher vaudois, couronné de ruines gothiques, nous rappelait l'Acropole d'Athènes avec ses escarpements de marbre et ses couleurs d'hyacinthe. Certes, nous ne pensions pas en ce moment à la Grèce et ce rapprochement involontaire doit être basé sur de vraies analogies.

En descendant vers l'hôtel du Lion-d'Or, notre attention fut attirée par un cortège d'une centaine de femmes qui, deux à deux, suivaient le viatique qu'on portait à un agonisant. A mesure qu'elle s'avançait, de nouveaux groupes se joignaient à la procession. Le Valais est catholique ou du moins les protestants y sont en minorité; les croix et les images de saints qu'on rencontre à chaque pas témoignent la ferveur naïve des croyances.

Après le déjeuner, où l'on servit pour dessert du raisin de l'année d'une maturité précoce, car on était au 1er août, le quatuor voyageur se réinstalla de son mieux dans la calèche et l'on se mit en route.

Près de Sion, la vallée du Rhône prenait à ce moment un aspect méridional. Le fleuve çà et là laissait des portions de son lit découvertes et de grands îlots de pierres blanches se montraient. Des plantes qu'on ne voit que dans les pays chauds croissaient au bord de la route saupoudrée d'une poussière provençale, et le soleil du midi nous versait sur la tête malgré les ombrelles des cuillerées de plomb fondu. Les montagnes, bordure de la vallée, se teignaient de ces nuances vaporeuses, légères, aériennes dont elles se colorent dans les contrées d'Orient et qui les font ressembler à des nuages plutôt qu'à des masses de rocher et de terre. Dans le pli des ravins, l'air paraissait tout bleu et ses portions éclairées s'illuminaient d'un ton rose mauve d'une finesse extraordinaire.

Nous traversâmes Saint-Léonard et Serre où les chevaux s'arrêtèrent pour boire. C'est un bourg assez pittoresque. Une maison très haute, flanquée de tourelles, prenait sur la place un air de donjon féodal qui ne lui messeyait pas, et près de l'église une énorme croix peinte en rouge soutenait un christ colorié et accompagné des instruments de la passion posés en sautoir.

Les croix et les images de la sainte Vierge se rencontrent fréquemment dans le Valais. On en trouve à chaque carrefour et il n'est guère de maison qui n'ait sa statuette protectrice surmontée d'un petit auvent pour l'abriter de la pluie.

A Serre, on passe sur l'autre rive du Rhône, et l'on ne tarde pas à voir sur le bord qu'on a quitté Louèche, la ville des bains, assise dans une large coupure de la montagne qui encadre comme deux coulisses le pas de la Gemmi et les glaciers de la plaine Morte; l'on franchit Turtmann et l'on arrive à Viège, une jolie petite ville bâtie au milieu d'un cirque de montagnes qui semblent l'enfermer et vouloir la retenir prisonnière. L'église, élevée sur d'assez hautes substructions, a des apparences de forteresse et elle domine fièrement les toits qui se pressent à ses pieds. Quelques cultures qui s'étendent autour de la ville lui donnent de la gaieté et de la fraîcheur. Le soleil se couchait et sa réverbération rose flambait sur les glaciers du Balferin, qui sépare la vallée de Saint-Nicolas de la vallée de Saas et forme le fond du tableau que nous admirions du balcon de l'hôtel.

La Visp, cette petite rivière torrentueuse qui devait, quelques jours après notre passage, déborder subitement et causer tant de dégâts, réduite à son étiage ordinaire, roulait rapide sous un de ces ponts recouverts d'un auvent de charpente particuliers à la Suisse, et allait mêler son eau blanche à l'eau jaune du Rhône; car ce n'est qu'après avoir été clarifié par le filtre d'azur du Léman que le Rhône prend sa belle couleur bleue. Jusqu'au lac, il est fauve comme le Tibre, et on pourrait dire *flavum Rhodanum* tout aussi justement que *flavum Tiberim*.

II

DE VIÈGE AU RIFFELHORN

Nous avions une rude journée à faire; aussi dès les premières lueurs de l'aube étions-nous en selle et prêts à partir. Cette fois nos montures étaient des chevaux et non des mulets; mais, habitués aux montagnes, ils avaient le pied non moins sûr que leurs confrères à longues oreilles, et leur allure était plus douce. Parmi nos quatre guides, aucun ne parlait français, et comme personne de nous ne savait l'allemand, cela ne laissait pas que de gêner la conversation.

Viège resta bientôt derrière nous, et la petite caravane s'engagea dans la vallée au fond de laquelle court la Visp. Les rayons du soleil ne pénétraient pas encore jusque-là, et le passage, resserré entre les hautes montagnes, était baigné d'une ombre transparente et légère. Des glacis violets s'étendaient sur les verdures froides, toutes frissonnantes de rosée nocturne ; les murailles de rocher semblaient drapées d'une immense gaze, et dans les déchirures, les ravines et les anfractuosités s'amassait comme une fumée l'air bleu du matin. Au-dessus de la ligne sombre des sommets, se déployait un ciel laiteux, nacré, presque blanc, pareil à ces premières teintes de lavis que les aquarellistes jettent sur le bristol. On y sentait comme une vibration de lumière ascendante qui rappelait le tremolo de violons dans le *Lever de soleil* de Félicien David.

A Neubuck on passe sur la rive gauche de la Visp, dont on remonte le cours. Nous recommandons aux paysagistes qui voudraient varier un peu leurs motifs ce village pittoresque, avec ses chalets élégamment rustiques et son pont hardi qui d'une seule arche enjambe le torrent. De ce pont on découvre le Saasgrat, posé comme un promontoire entre les deux vallées de Saas et de Saint-Nicolas qu'il sépare, et par-dessus ses derniers escarpements boisés les glaciers et les neiges du Balferin.

Trente minutes de chemin vous conduisent à Stalden, où il faut mettre pied à terre pour se tirer de l'inextricable fouillis de pierres, de chalets, de cahutes, de canaux en planches, de tas de bois, d'arbres, qui forment un ensemble très amusant à l'œil, mais peu praticable à cheval. L'église, bâtie sur un rocher, complète le tableau. Dans la ruelle principale se trouvent un café et une auberge où s'arrêtent les touristes pendant que les mulets soufflent et reprennent haleine. Un cep de vigne d'une tortuosité vigoureuse festonne de ses pampres la fontaine publique. A cette hauteur un cep de vigne est une chose rare.

La route monte toujours, et l'on chemine accompagné par quelque ruisseau jaseur bruissant sur l'herbe ou les cailloux, à l'ombre des grands et vigoureux noyers dominant des pentes veloutées du vert le plus tendre.

Le soleil, dépassant la crête de la chaîne qui le masquait, projeta enfin sa chaude lumière sur un des revers de la vallée, tandis que l'autre restait dans son gris bleuâtre, et une foule de détails inaperçus, touchés par le rayon, reprirent leur valeur. Ce fut comme un coup de théâtre. Les assises des rochers, les plis des ravins, les escarpements abrupts, les formes si variées et si bizarres de la montagne s'accusèrent par le contraste du clair et de l'ombre. Avec quelques touches d'or, le tableau si admirablement ébauché s'acheva et la vallée apparut dans toute sa magnificence.

Nos chevaux marchaient courageusement et d'un

assez bon pas, tenus à la tête par les guides lorsque le sentier côtoyait de trop près quelque profondeur dangereuse, et devant nous défilaient les sapins, les mélèzes, ruisselaient les cascades, se hérissaient les rochers et brillaient les cristaux des glaciers, et se tordait au fond du gouffre, avec de sourdes rumeurs, la rivière irritée des obstacles. Parfois, sur le flanc de la montagne, comme l'éboulement d'une ville détruite, une ancienne avalanche de pierres entassait ses blocs tumultueux.

La vallée fait un coude et l'on commence à découvrir le clocher blanc de Saint-Nicolas se détachant sur un fond sombre de montagnes. On repasse la Visp, dont le caprice aime à changer de lit ; on contourne d'énormes blocs précipités des sommités voisines, et l'on s'arrête à la porte d'une assez belle auberge, sur une place où stationnent dételés des chars à bancs qui attendent les voyageurs pour Zermatt. L'église, bâtie sur une sorte de terre-plein, n'a rien de remarquable qu'une grande croix rouge, avec la lance et l'éponge, plantée à l'extérieur.

Après avoir déjeuné à la hâte, nous nous distribuâmes dans les deux petites voitures que nous avions frétées, car il était déjà dix heures et demie et nous voulions arriver à Zermatt assez tôt pour monter au Riffelhorn avant la nuit. Ces voitures, attelées d'un cheval, ne peuvent traîner que deux personnes et le conducteur, qui souvent marche tenant sa bête en bride. La route n'est pas mauvaise; mais, en de certains endroits, elle est si étroite, que deux chars venant en sens inverse et se rencontrant se trouvent dans la situation des deux chèvres de la fable : il faut que l'un des deux recule jusqu'à une place plus large, manœuvre qui ne laisse pas d'avoir ses difficultés et son péril.

Nous voilà donc partis, admirant la configuration bizarre des pics qui hérissent cette partie de la vallée, et dont le plus singulier s'appelle le Sattellochorn. Au loin se déroulait une magnifique perspective de montagnes qui semblent fermer le fond de la vallée et qui appartiennent à la chaîne du mont Rose. On y distingue le petit Cervin et la pointe orientale du Breithorn.

Il est bien difficile de rendre sans monotonie ou sans redites une route à travers ces paysages, qui se composent toujours des mêmes éléments, mais combinés avec cette variété infinie de lignes, d'aspects, d'accidents, de jeux de lumière et d'ombre se modifiant à toute heure du jour, qui fait qu'une montagne ne ressemble pas à une autre montagne. Comment faire sentir par des mots la différence de forme et de couleur de ces pics dont une arête ou une courbe, une teinte sombre ou claire d'une valeur indéfinissable déterminent la physionomie et le caractère ? Si l'art a son vocabulaire, la nature, au point de vue pittoresque, n'a pas encore le sien. La science vous dira : « Cette montagne est calcaire, schisteuse, granitique ; le gneiss y abonde. » Mais ce sont de ces choses qu'on ne peut voir du haut d'un char à bancs. Il faut, pour s'en rendre compte, joindre à la plume du lettré le marteau du géologue. Et d'ailleurs, comme disent les peintres, de telles indications ne seraient pas à leur *plan* dans le tableau. Notre voyage n'est qu'une promenade de feuilletoniste en vacances et ne saurait être illustré que de rapides croquis.

On traverse des bois de mélèzes et l'on côtoie, sur l'étroite bande du chemin, des escarpements hérissés d'arbres et de roches qui se précipitent en pentes rapides jusqu'au fond de la vallée où gronde la Wisp. Sur le versant opposé, près du hameau de Schwidern, tombe au pied de la Barr la Blalbach, qui descend du glacier de Sparren.

A cet endroit, les rires argentins de nos fillettes, dont le char à bancs roulait devant nous à quelque distance, nous apprirent qu'il se passait quelque chose d'extraordinaire. En effet, il s'agissait de franchir le Blifickbach, un torrent qui court dans un large lit pierreux qu'il doit remplir en hiver, et que les piétons traversent sur une planche et les voitures à gué. L'eau bouillonnait autour des roues ; le cheval pataugeait, glissant sur les cailloux, et envoyait de tous côtés des éclaboussures, ce qui causait la gaieté des jeunes voyageuses. La bête donna un vigoureux coup de collier et enleva le char à bancs sur l'autre rive. Le passage du second char s'effectua sans encombre. Un peu plus loin, un autre torrent nous barra encore la route ; il descend du glacier de Hochberg à travers une avalanche de pierres monstrueuses qu'il entraîne avec lui. Il offre cette particularité d'être plus profond le soir que le matin ; ses eaux grossissent à la fin de la journée, ce qui s'explique par la fonte des neiges et des glaces sous l'action du soleil ; le froid de la nuit arrête la fusion. A cette heure il était praticable, et son écume ne dépassait pas le moyeu des roues. Entre ces deux torrents, de l'autre côté de la vallée, la belle chute du Dummibach se précipite de la Fallwand. Le Grabendorn, le Tœschhorn, le glacier de Bies, le Weishorn, le Bruneckhorn et autres sommets pourvus de noms formidables dessinent à droite et à gauche leurs silhouettes lointaines et farouches. Sur la paroi d'une montagne dont le nom nous échappe, s'étale un glacier surmonté d'une couronne de neige et versant des cascades par les fissures bleues de ses dernières coulées. Jamais la nature n'a montré d'une façon plus claire et plus simple le mécanisme qu'elle emploie pour former un fleuve. La neige placée à l'étage supérieur fond et fait de la glace ; à son tour, la glace entre en fusion et fait de l'eau.

Tout ce trajet est d'une beauté romantique et farouche qui frappe vivement l'imagination. Entre ces masses énormes dont la chute écraserait des villes, l'homme, imperceptible, se glisse comme une fourmi, avec le sentiment de son infinie petitesse, sur un chemin qui semble un fil tortillé au hasard des montées et des pentes. La végétation elle-même perd sa proportion ; les plus hauts sapins font l'effet de brins d'herbe. Cependant, aux endroits les plus sauvages vous rencontrez des hameaux : Schwidern, Mattsand, Herbrigen, Lerch, Randa ; des agglomérations de chalets que n'effrayent pas les avalanches de neige ou de pierres, les éboulements de montagnes, les chutes de rochers, les irruptions d'eaux, les rigueurs des longs hivers : la vie humaine ne s'arrête devant aucun obstacle ; mais l'été jette son manteau de verdure et de fleurs sur ces horreurs grandioses, et l'on conçoit le charme qui attache le montagnard à la montagne.

De temps à autre, des bandes de touristes à pied nous croisaient ; c'étaient de beaux jeunes gens allemands ou anglais, bien découplés, bien fendus de jambes, qui revenaient du Cervin ou du mont Rose.

Après avoir passé et repassé plusieurs fois la Wisp, nous arrivâmes à un point où la vallée s'étrangle et semble être fermée par un escarpement du Rothorn. Toute cette partie est d'une sauvagerie étonnante, obstruée de rochers, de sapins, noircie par les ombres froides qui tombent des sommets, ruisselante de cascades et de torrents. On se croirait au bout du monde.

Quand on a contourné le Rothorn, la vallée s'élargit subitement, et une vue merveilleuse se découvre aux regards. Le mont Cervin dresse au dessus de la chaîne qui dentelle l'horizon son pic gigantesque, dont le brusque escarpement semble doubler la hauteur. Il s'élance d'un seul jet vers le ciel sans se rattacher à la terre par cette suite d'ondulations dont les courbes empêchent d'apprécier la vraie altitude des montagnes. Un de ses côtés est presque à pic et les neiges n'y peuvent tenir; l'autre, un peu moins raide, laisse les blanches nappes s'accumuler sur ses dernières pentes. Son pyramidion est taillé de telle sorte qu'il figure très exactement une chapelle gothique au pignon aigu. Quelques restes de neige accusaient de leurs touches blanches la forme triangulaire du toit et rendaient l'illusion complète. Le mont lui-même était d'une couleur bleuâtre mélangée de gris et de violet, rendue vaporeuse par l'interposition de l'atmosphère où le soleil jetait ses poussières d'or. C'était un spectacle vraiment sublime, au delà de tout ce que l'imagination peut concevoir.

Des prairies d'un vert d'éméraude s'étendent sur le fond moins étroit de la vallée aux approches de Zermatt, qui est un joli village plein d'animation, à cette époque de l'année, car il est le point de départ d'excursions aux glaciers et aux montagnes des alentours. On y voit des chalets aux découpures élégantes, festonnés de fleurs grimpantes encadrant les vitres à mailles de plomb, loués aux familles anglaises; des ruisseaux d'eau vive traversent les rues. L'aspect général est gai et riant, et devant les auberges des voiturins, des porteurs, des guides avec leurs chevaux, leurs mulets, leurs chars à bancs, attendent ou sollicitent la pratique. C'est un va-et-vient perpétuel; des caravanes reviennent, d'autres partent. Ceux-ci se mettent en selle, ceux-là en descendent. L'observateur y rencontre un curieux assemblage de types, de races et de costumes. En voyage, chacun donne libre carrière à sa fantaisie, et il y avait là des toilettes qui eussent pu servir en carnaval. Les hommes avec leurs guêtres, leurs vestons de velours, leurs plaids, leurs chapeaux andalous ou tyroliens, n'avaient rien à reprocher aux femmes sous le rapport du travestissement. En somme, cela était amusant à l'œil, pittoresquement bariolé, et formait de jolies taches de couleur. Quelques zouaves de flanelle rouge brillaient comme des pavots parmi les tons gris et fauves des costumes plus sages et piquaient dans le tableau cette note vive que les coloristes n'oublient jamais d'y mettre.

Nous descendîmes à l'hôtel du Cervin où nous laissâmes notre léger bagage, et une demi-heure après nous étions tous hissés sur nos montures avec l'aide de nos guides, pour arriver avant la nuit au plateau du Riffel, où le propriétaire de l'hôtel du Cervin a fait bâtir un chalet, lieu de repos très commode pour les voyageurs qui veulent tenter l'ascension du mont Rose ou des cimes environnantes.

En passant devant l'église qui s'élève au milieu du cimetière, notre guide nous fit voir les tombes « des trois messieurs anglais péris dans leur ascension au mont Cervin, » catastrophe qui a laissé un douloureux souvenir, mais qui n'empêche pas les touristes hardis de tenter de nouveau l'aventure.

S'il faut en croire les aubergistes, les chemins sont toujours beaux, les excursions toujours faciles, mais le plus sûr est de s'attendre à beaucoup de fatigue. Il y a rarement déception. On commence après être sorti de Zermatt à marcher à travers des prairies, entre des barrières de bois, sur une bande de terre où il semble qu'on ait déposé tous les cailloux des champs voisins. Des chalets, juchés sur des disques de pierre, se montrent à droite et à gauche. Des ruisseaux d'une eau blanchâtre courent avec rapidité ; bientôt l'on arrive à un torrent que forme la chute d'une belle cascade : le Findelenbach, qui descend du glacier de Findelen ; on rencontre ensuite le Mosbach qui descend de la Giugen, et on s'engage dans un bois de sapins et de mélèzes qui s'agrafent aux pentes extrêmement rapides où ils poussent, par des attaches crispées et noueuses comme des doigts de géant.

La montée à travers ces bois est des plus pénibles. Le chemin à peine tracé serpente à travers des blocs de rochers, des pierres croulantes, des racines enchevêtrées, des changements de niveau soudains comme si on grimpait par un escalier à moitié démoli. Les guides se suspendaient à la queue des chevaux, comme les cawas qui suivent à pied leur pacha, et se faisaient traîner à moitié aux endroits difficiles. Ce n'est pas qu'on coure le danger de rouler au fond d'un précipice de deux ou trois mille pieds. Le sentier tournoie sur un assez large renflement de montagne, et l'on n'a pas de gouffre à côté de soi ; mais l'ascension est des plus âpres et des plus rocailleuses.

Lorsqu'on a dépassé la forêt, l'on voit au-dessus

du Hernli se dessiner la pyramide du Cervin, et descendre de la montagne vers le fond de la vallée, sur une pente rapide, un glacier qui ressemble à une immense coulée de verre refroidi. Une ligne de sapins à la noire verdure fait ressortir le cristal bleuâtre de la glace et produit ces tranchantes oppositions de couleur qui rendent les beaux sites de la Suisse si difficiles à peindre. Quelques villages disséminés parmi les sapins animent la solitude grandiose du paysage.

On fait halte à un chalet où l'on trouve du lait, de la bière, du kirsch. Les chevaux soufflent quelques minutes, et l'on reprend l'escalade.

A partir du chalet les arbres deviennent rares et bientôt disparaissent; il n'y a plus que la montagne nue, plaquée çà et là de quelques taches de gazon. Le sentier rampe sur des pentes escarpées, faisant plusieurs retours sur lui-même et souvent obstrué de grosses pierres. On parvient enfin sur le plateau où s'élève l'auberge, un bâtiment fort simple, mais magnifique, si l'on songe à l'emplacement qu'il occupe et à la difficulté de hisser à cette hauteur tous les matériaux d'une maison habitable. A quelque distance sont les écuries qui abritent les mulets et les chevaux.

L'air, à cette altitude, s'était considérablement rafraîchi, et par comparaison avec la chaleur qui régnait dans la vallée donnait une impression de froid sibérien. Le vent arrivait tout *frappé* des cimes neigeuses et des glaciers du voisinage, et devant la porte de l'auberge, les touristes sous le pâle soleil se tenaient enveloppés de leurs plaids ou de leurs manteaux. L'hôtel du Riffelhorn est divisé aux deux étages par un grand couloir sur lequel s'ouvrent les portes des chambres assez semblables à des cellules de couvent, le tout garni des meubles strictement indispensables, mais d'une propreté rigoureuse. La salle à manger étroite et longue occupe une portion du rez-de-chaussée, et tous les dîneurs, dans la belle saison, n'y peuvent prendre place. On mange par fournées et nous étions de la dernière ; c'est dire que nous fimes maigre chère, car le proverbe *Tarde venientibus ossa* est encore plus vrai au sommet d'une alpe que dans la plaine. On nous servit pourtant des côtelettes de chamois, une curiosité gastronomique que nous ne recommandons pas aux gourmands.

Après ce dîner érémitique, nous nous retirâmes dans notre chambre pour nous livrer au repos dont nous avions grand besoin. Nos compagnes de voyage en firent autant, et le silence le plus profond ne tarda pas à régner, un silence dont on ne peut se faire l'idée, sans un murmure, sans un frémissement, et tel que peut le produire, la nuit, une solitude de plusieurs lieues sur les sommets inaccessibles, les neiges et les glaciers. La voix des torrents lointains se perdait dans l'abîme à d'immenses profondeurs. Ne rencontrant plus d'obstacle, le vent même n'avait plus de rumeur. La nature semblait retenir son souffle, et l'on avait la sensation d'être sur une planète morte.

En ouvrant le tiroir du somno pour y serrer notre montre et notre argent, nous trouvâmes une ceinture de femme en ruban de gros grain noir, se fermant par une large boucle en argent d'un travail assez compliqué, un brouillon de lettre écrit au crayon en allemand et un médaillon photographique représentant une jeune femme de vingt-quatre à vingt-six ans, d'une physionomie douce et triste; mais ce qu'il y avait de plus singulier dans ce portrait, c'était une main d'homme posée sur l'épaule de la femme en signe de possession et de suzeraineté absolues, comme la main d'Alphonse d'Avalos, marquis du Guast, sur le sein de la merveilleuse beauté peinte par le Titien dans le tableau du Louvre. Notre imagination cherchait à bâtir un roman pour expliquer ce portrait, cette ceinture et cette lettre oubliés là. Nous aurions pu nous faire traduire la lettre; mais il nous sembla qu'il ne serait pas d'un galant homme d'entrer dans ce mystère, et nous replaçâmes discrètement les trois objets au fond du tiroir. Peut-être même en avons-nous déjà trop dit.

Comme le sommeil ne nous venait pas, nous nous levâmes, et mettant sur nous tout ce que nous avions de plus chaud en vêtement, car nous nous sentions gelé jusqu'à la moelle des os par ce froid des hauts lieux qui ne ressemble pas au froid de la plaine, nous sortîmes de l'auberge dont la porte n'était pas fermée, et le plus magnifique spectacle qu'il soit donné à l'homme de voir se présenta à nos yeux.

Le ciel, d'une sérénité glaciale, avait des teintes d'acier bleu, comme un ciel polaire, et sur le bord il était dentelé bizarrement par les silhouettes sombres des montagnes formant le cercle de l'horizon. Au-dessus de ces découpures jaillissait le pic gigantesque du Cervin, avec un élancement désespéré comme s'il voulait atteindre et percer la voûte bleue. L'immense bloc, d'un noir violet, dessinait ses arêtes hardies sur le vide, élevant sa pyramide solitaire qui dépassait de bien haut toutes les cimes. Auprès de lui, le long de son flanc le plus abrupt, montait lentement une énorme lune, ronde, à plein disque, d'un jaune blafard, qui paraissait essayer l'escalade de la montagne farouche. Ce globe lumineux à côté de cette colossale aiguille noire produisait l'effet le plus étrange et le plus fantastique.

La clarté de l'astre, assez vive pour éteindre les étoiles, illuminait de sa lueur argentée la façade de l'hôtel et le plateau sur lequel nous étions. Autour de nous une ombre dure et froide approfondissait encore les abîmes, et on eût dit que nous flottions sur une île de lumière.

III

LE MONT CERVIN

Après avoir contemplé quelque temps ce spectacle sans pareil, le froid aigu et coupant qui régnait sur ces cimes, où la nuit cristallisait de nouveau les neiges et les glaces fondues par la chaleur du jour, nous força à rentrer dans notre chambre transi, claquant des dents, à moitié gelé nous-même ; l'air trop vif nous suffoquait, et nous éprouvions une étrange angoisse que dissipa bien vite l'atmosphère plus tiède de l'auberge. La crainte de nous réveiller trop tard pour le lever du soleil qui promettait d'être splendide, malgré la fatigue de la journée agita notre sommeil, et nous étions debout bien avant l'heure. Quelques touristes matineux se préparaient déjà aux excursions projetées ; les portes du couloir s'ouvraient et des physionomies enluminées de bons coups de soleil se montraient à la lueur douteuse du jour naissant. Un journaliste parisien, M. Charles Dollfus, partait avec son guide pour une ascension au mont Rose, et nous lui souhaitâmes une bonne chance. La lune brillait toujours à côté du Cervin comme un bouclier d'or au bras d'un Titan ; mais la couleur du ciel n'était plus la même. Dans l'azur pâle se répandait une blancheur opaline comme lorsqu'on mêle quelques gouttes d'essence à un verre d'eau. Les gouffres avaient perdu leur noirceur, et, à travers une ombre froide, d'une transparence bleuâtre, on discernait les coulées de cristaux des glaciers, les sombres sapinières, les anfractuosités des rochers et les mouvements de terrain s'enfonçant en vallées. Dans les bas lieux quelques brumes flottaient, mais légères comme des gazes effrangées ou des morceaux d'ouate cardés par le vent. La ligne bizarrement denticulée des montagnes faisant cercle autour du plateau que nous occupions au centre de ce panorama, ne se découpait plus avec autant de dureté sur le bord de l'horizon. Une vague infiltation de lumière modifiait la teinte farouche des escarpements. L'ombre des ravins ou des déchirures de grise se faisait bleue. Il semblait que la nature fût dans l'attente ; le silence même, si profond, redoublait comme lorsque va commencer l'ouverture d'une symphonie de grand maître.

Enfin, du côté de l'orient une lueur d'or rougi colora une bande de petites nuées clapoteuses comme une mer agitée qui s'allongeait en écumant sur la crête d'une zone de montagnes lointaines. Quelques minutes après scintilla sous le flanc de l'étroit nuage comme un fourmillement d'écailles de feu, et un mince segment de disque apparut au-dessus d'un pic. Aussitôt s'alluma sur l'extrême pointe du Cervin une légère flamme rose, comme si un guetteur invisible eût voulu signaler la présence du soleil. Aucun mot humain ne peut rendre ce rose céleste, qui eût fait paraître livides les joues et les fleurs les plus fraîches, et se posait comme un papillon de lumière au front de la montagne. Ainsi Psyché devait rosir sous le premier baiser de l'Amour. Le soleil montait et la teinte divine descendait, illuminant la moitié du pic gigantesque ; mais déjà des nuances d'or se mêlaient à cette pourpre idéalement rosée. Alors toutes les cimes s'allumèrent comme des trépieds à l'entour d'un candélabre colossal et, selon les rites mystérieux de la nature, célébrèrent en chœur le lever de l'astre. Il aurait fallu sur ce plateau, comme au temps des Incas, une prêtresse du soleil brûlant des parfums et récitant un hymne au dieu visible de notre univers ;

mais il n'y avait qu'un poète écrivant en prose ses impressions pour un journal.

Bientôt tout le paysage s'éclaira. La lumière descendit et ruissela sur les pentes des montagnes, mêlant ses cascades d'or aux cascades d'argent, réchauffant les neiges, les névés et les glaciers, mordorant les noirs rideaux de sapins, ressuscitant la nature et tirant le monde du chaos des ténèbres. Le soleil montait dans le ciel pur, où la lune ne semblait pas disposée à lui céder la place. Les deux astres se regardaient comme un frère et une sœur qui n'ont pas souvent l'occasion de se voir. Phœbé, pâle et bleuâtre; Phœbus, blond et rutilant; l'une reine de l'ombre, l'autre roi du jour. Ces deux disques d'or et d'argent suspendus à chaque bout du ciel, lampe nocturne, flambeau diurne brûlant à la même heure dans l'azur matinal, produisaient un effet des plus fantastiques. Cependant, vaincue dans ce combat de lumière, la lune s'effaça peu à peu, et son orbe s'évanouit, ne laissant au ciel qu'une vague tache grise.

A ce moment, sur le seuil de l'auberge, parurent nos voyageuses, à qui l'on aurait pu adresser les fraîches comparaisons des sonnets du xviie siècle sur la *Belle Matineuse*, si elles ne s'étaient pas levées trop tard pour opposer les roses de leur teint aux roses de l'Orient. Elles regrettèrent beaucoup de n'avoir pas vu ce magnifique spectacle, mais elles ne prièrent pas le soleil de recommencer, comme ces marquises du XVIIIe siècle arrivées à l'Observatoire après l'éclipse.

Nous apprîmes alors, en agitant la question du retour, ce dont nous aurions dû nous informer plus tôt, c'est-à-dire que nous étions au fond d'une impasse et qu'il n'existait d'autre sortie, si nous ne voulions revenir par le même chemin, que le col de Saint-Théodule, débouchant sur l'Italie et menant au val d'Aoste, ce qui dérangeait le plan de notre voyage, notre intention étant de faire un tour de Suisse. Il fallait d'ailleurs marcher pendant quatre ou cinq heures sur le glacier qui forme le passage, gymastique toujours fatigante et parfois dangereuse. Force nous fut de reprendre le chemin de Zermatt.

Il s'agissait de descendre ce que nous avions si péniblement gravi la veille. Appuyé sur une canne de montagne ferrée d'une pointe et ayant une corne d'isard pour poignée, nous nous mîmes en route formant l'arrière-garde, et comme un hoplite qui laisse voltiger devant lui les troupes légères pour reconnaître le terrain. Nous avions abandonné nos chevaux au Riffel, car l'équitation n'a rien d'agréable sur cette série de casse-cou. Au bout de quelque temps, la végétation, qui ne se hasarde pas jusqu'à la cime chenue du plateau, commença à se montrer ; des tapis de gazon frais et soyeux revêtirent l'âpre nudité de l'alpe ; quelques mélèzes étirèrent leurs bras dans l'air moins raréfié et plus tiède ; des mousses vertes veloutèrent les quartiers de roc, naturellement décharnés et anguleux comme des osssements perçant la peau de la planète. Nous rentrions dans l'atmosphère de la vie : des milliers de petites fleurs charmantes semaient de point brillants les pentes gazonnées, se tapissaient dans l'interstice des pierres, clignaient de l'œil au bord du sentier comme si elles demandaient à être cueillies. Nos compagnes de voyage ne résistaient guère à l'appel, et c'étaient, au milieu des cris joyeux, des escalades et des descentes éperdues pour aller prendre sous sa touffe d'herbe une anémone jaune, une gentiane bleue, une délicate et timide violette alpestre, une renoncule couleur de safran, une soldanelle couleur de bluet, un myosotis de montagne ou quelque autre mignonne plante dont nous ignorons le nom vulgaire. Nousmême, pour participer à la fête, nous avions attaché à notre feutre, près de la plume de paon oubliée qui déjà y figurait, une bizarre fleur de couleur blanche veloutée d'un duvet blanc, de même que sa tige et ses feuilles d'un vert pâle, et comme fourrée d'hermine pour résister au froid, sans nous douter en aucune manière qu'elle portât scientifiquement le terrible nom de *Gnaphaalium Leontopodium Scop*, comme nous l'avons appris plus tard dans un herbier de plantes alpines. Rien n'était plus charmant que de voir les deux jeunes filles les mains pleines de fleurs se laisser aller aux pentes rapides comme si elles avaient eu des ailes aux pieds; le vent de la course soulevait leurs cheveux, et les plis de leurs vêtements palpitaient comme les draperies volantes des danseuses d'Herculanum et de Pompéi. Celle que n'a point effrayé le saut de *la Péri* s'élançait non moins légère de roche en roche, cherchant quelque fleurette ou quelque caillou curieusement strié.

Dans toute cette flore alpestre, on ne trouva ni la *pervenche* de Rousseau, ni le *cyclamen* de George Sand. Peut-être la saison de l'une était-elle passée, et la saison de l'autre pas encore venue.

De petites sources froides comme la glace et pures comme le diamant sortaient par les fissures de gros blocs revêtus de saxifrages et de plantes pariétaires, et nous en buvions quelques gorgées dans une tasse de vermeil, en y ajoutant quelques gouttes d'eau-de-vie, car il faut se défier de sa soif dans les montagnes. Toutes ces eaux crues qui tombent des glaciers et que les paysans appellent les *eaux sauvages* sont insalubres; l'air ni le soleil n'y ont pas mêlé encore l'élément vital, et la terre maternelle ne les a pas filtrées. Ces sources n'offrent d'autre danger que celui de leur extrême froideur, qu'on corrige par l'addition d'un spiritueux.

Le plus dur de la route était fait ; nous étions sortis de ce bois de sapins aux racines inextricablement enchevêtrées, qui semble avoir poussé sur un ancien éboulement. Nous avions gagné les pentes les plus adoucies qui mènent sur le fond de la vallée, nous marchions à côté de la route sur des prairies à l'herbe moelleuse comme des tapis de Smyrne, et bientôt nous atteignîmes les premiers chalets du village, après avoir revu avec plaisir la cascade de Findelenbach, toujours écumante et toujours furieuse, et traversé sur un frêle pont le torrent qui semble en proie à un vertige de rapidité. Une demi-heure plus tard, nous étions rentrés à Zermatt, passablement affamés par l'exercice et l'air vif.

Comme nous attendions l'heure du dîner, accoudé au balcon de notre fenêtre en fumant un cigare de Vevey, faute de mieux, il se produisit un mouvement de curiosité dans la foule ; les philosophes quittèrent leur banc, les flâneurs hâtèrent le pas, les muletiers abandonnèrent leurs bêtes, et tout le monde se porta vers le même point. Bientôt, fendant les groupes, déboucha un cortège précédé par un grand jeune homme d'une sveltesse robuste, en veston, en gilet et en grègues de velours brun, guêtres jusqu'au genou, chapeau de feutre rabattu sur le sourcil, physionomie mâle et décidée, ayant l'air d'un parfait gentleman malgré la rusticité obligée de son accoutrement. C'était un membre de l'Alpin Club qui venait d'accomplir heureusement l'ascension du mont Cervin. De l'auberge du Riffel, on avait vu la nuit la lumière de son feu piquée comme une paillette rouge au flanc de la montagne. Derrière lui marchaient les guides avec leurs rouleaux de cordes tournés en bandoulière autour du corps, leurs haches pour tailler des escaliers dans la glace, leurs piques ferrées et tous les engins nécessaires à l'assaut d'un pic aussi farouche. Sur toutes ces faces brunes et résolues brillait la satisfaction de la difficulté vaincue et le reflet du triomphe se mêlait au hâle de la neige.

Les guides rentrèrent à l'hôtel et l'Anglais resta quelques instants sur le seuil, s'appuyant de l'épaule au pied-droit de la porte, dans une pose indolente et l'air parfaitement détaché, comme s'il venait de son club dans Pall Mall. Il pratiquait, sans y penser peut-être, ce précepte de dandysme donné par Brummel et renouvelé d'Horace, *nil admirari*.

En regardant ce beau jeune homme, riche sans

doute et certainement accoutumé à tous les conforts et à toutes les élégances, qui venait de risquer si insoucieusement sa vie dans une entreprise d'un péril inutile, nous songions à l'invincible passion de certains hommes pour les dangereuses escalades. Aucun exemple ne les corrige. Ce jeune membre de l'Alpin Club avait certainement vu en passant les tombes de ses trois compatriotes dans le cimetière de Zermatt. Mais le pic a sa fascination comme l'abîme ; il appelle, il attire à lui par l'espoir du triomphe les esprits d'orgueil et d'aventure à qui la tranquille vie moderne refuse l'occasion de se prouver leur force. Toujours il dresse d'un air railleur, à l'horizon, sa cime inviolée comme un défi à l'impuissance humaine. La nature se réserve ces hauteurs, elle les environne d'obstacles, de neiges, de glaciers, de précipices ; elle en rend l'air presque irrespirable, elle en bannit la vie, elle en chasse les plantes ; elle y amasse les nuées et les orages, et semble dire à l'homme : « N'as-tu pas assez des plaines, des prairies, des forêts, de la rive des beaux fleuves, des collines que dore le soleil et où murit la vigne ? Je garde pour moi cet étroit plateau, sourcilleux et chenu, où tournoie le vertige comme un aigle ivre d'immensité. Que viens-tu faire ici ? Redescends, regagne ton foyer et ta famille qui t'attend en de mortelles transes. »

Mais le refus est le meilleur moyen d'irriter le désir. La montagne défendue prend un charme irrésistible; on y pense, on en rêve sans cesse; cela devient comme une obsession. Les voyages en d'autres pays ne vous distraient pas de cette idée. On y revient toujours et toujours un mirage ironique vous montre le pic inaccessible qui se rit de vous. Saussure et Ramond tournèrent plus de vingt ans, l'un autour du mont Blanc, l'autre autour du mont Perdu, et ils finirent par succomber à la tentation.

C'est un attrait du même genre qui entraîne les chasseurs de chamois; ils savent qu'un jour le pied leur glissera en suivant le léger démon cornu de la montagne, qui saute de roche en roche, et qu'ils tomberont au gouffre, au torrent, dans la fente du glacier, à moins qu'une avalanche ne les ensevelisse ou qu'un bloc ne les écrase en sa chute. Parfois au fond d'un abîme où nul ne peut descendre, il leur arrive d'entrevoir vaguement le cadavre paternel déchiqueté par les vautours; mais la silhouette d'un isard se dessine là-bas sur le bleu du ciel, au bout d'une cime aiguë : le moyen d'y résister, et, au risque de mille morts, ils escaladent les parois presque à pic, ils franchissent les crevasses profondes, ils marchent sur les corniches étroites, ils traversent les ponts de neige comme s'ils avaient des ailes ; ils ont le délire des hauts lieux, et leur audace semble ne plus connaître les lois de la pesanteur. Sans doute ce sont là d'âcres jouissances et qui font paraître fades les paisibles occupations de la plaine ; dès qu'on les a goûtées, on ne peut plus s'en passer, il faut qu'on y revienne jusqu'à ce qu'on y trouve sa perte.

Mais, comme dit Michelet dans son beau livre de la *Montagne*, « cela ne décourage pas ; la cruelle, l'orgueilleuse qui est là-haut, elle aura toujours des amants, toujours on voudra monter. Le chasseur dit : « C'est pour la proie ; » le grimpeur dit : « pour voir au loin ; » moi je dis « pour faire un » livre, » et je fais plus d'ascensions, je descends plus de précipices, assis à table où j'écris, que tous les grimpeurs de la terre ne feront jamais aux Alpes. Le réel dans tous ces efforts est *qu'on monte pour monter;* le sublime, c'est l'inutile (presque toujours). »

Quoi que la raison y puisse objecter, cette lutte de l'homme avec la montagne est poétique et noble. La foule, qui a l'instinct des grandes choses, environne ces audacieux de respect, et à la descente toujours leur fait une ovation. Ils sont la volonté protestant contre l'obstacle aveugle, et ils plantent sur l'inaccessible le drapeau de l'intelligence humaine.

Lentement le gentleman se retira dans sa chambre pour prendre le repos dont sans doute il avait besoin malgré sa vigueur, et nous, qui voulions arriver à Saint-Nicolas avant la nuit, nous descendîmes dans la salle à manger, où nous attendait un excellent repas, nécessaire après la maigre chère du Riffelhorn. Une belle Valaisane, que nous prîmes d'abord pour une Italienne, nous servit fort alertement, et une demi-heure après nous étions installés tous les quatre dans nos deux chars à bancs, refaisant en sens inverse la route que nous avions parcourue la veille, mais avec une allure bien plus rapide, car à partir de Zermatt le chemin descend toujours.

On ne saurait s'imaginer comme la perspective, en se déplaçant, change les objets. Nous tournions le dos au fond de la vallée, et rien ne nous rappelait la forme des lieux que nous avions admirés. L'aspect des montagnes était tout autre. Leurs escarpements, leurs profils prenaient des lignes différentes que nous reconnaissions à peine. Il nous semblait passer par une route nouvelle au milieu d'un pays où nous ne serions jamais allé, et nous ne sentions pas cette monotonie du retour à travers les même sites qui était à craindre. La lumière du soir, qui ne colore pas le paysage dans le même sens que la lumière du matin, modifiait les effets et donnait plus de gravité aux masses grandioses des montagnes; une ombre plus épaisse s'amassait au fond des précipices où gronde la Visp. C'était beau, mais d'une beauté moins riante.

A un passage étroit, nous rencontrâmes un char. D'un côté, l'abîme; de l'autre, quelques chalets avec leurs étables et leurs dépendances. Il fallut dételer le cheval de la voiture qui nous croisait et faire entrer le char qu'il traînait sous un toit à porcs, pour nous faire de la place.

Plus loin, le torrent que nous avions aisément traversé la veille, grossi par les neiges fondues de la journée, parut vouloir nous barrer le chemin, mais on parvint à le franchir sans accident.

L'autre torrent, placé un peu plus loin, avait conservé son niveau, et les chars à bancs le passèrent avec facilité.

A quelque distance de là, sur le bord de la route, se dessina la silhouette d'un homme immobile qui regardait attentivement une perspective de montagnes encadrées par l'échancrure de la vallée et qui baissait la tête vers une sorte de livre qu'il soutenait d'une main. En approchant de lui, nous vîmes que c'était un peintre prenant un croquis. Nous le saluâmes; mais il ne nous aperçut pas, absorbé qu'il était dans la contemplation de ce site magnifique. Au moins la nature n'était pas belle pour rien ; dans cette solitude, elle avait un admirateur fervent qui fixait quelques traits de son ondoyante et toujours nouvelle physionomie.

Il était presque nuit lorsque nous arrivâmes à Saint-Nicolas, passablement moulus par les cahots de notre char à bancs d'une suspension très sommaire. Le couchant mettait encore ses lueurs rougeâtres sur les plus hautes assises des montagnes formant les parois de la vallée, tandis que l'ombre froide et violette envahissait tout le fond de la gorge. Le ciel, qui s'était conservé pur jusqu'à cette heure, se couvrait de grands nuages bizarres se déchirant l'aile comme des chauves-souris affolées aux pointes aiguës des roches. Le vent chaud haletait comme la respiration d'une poitrine oppressée. Une lourdeur d'orage pesait sur les poumons, et dans les nuées passaient des lueurs intermittentes comme le reflet d'un feu qu'on souffle : on entendait des bruits sourds de tonnerre lointain ressemblant à des grognements d'ours dans la montagne, les rugissements de la Visp, dont on entrevoyait l'écume livide à travers les couches d'ombre qui allaient s'épaississant et qu'illuminait par instants une lueur sulfureuse d'éclair.

Quelques larges gouttes de pluie nous firent quitter le balcon de l'hôtel, d'où nous contemplions la beauté farouche de ce spectacle, et nous regagnâmes notre chambre donnant sur une galerie, en haut de la cour intérieure, arrangée en façon de patio espagnol, qui forme le centre du bâtiment. Ces trois galeries superposées font un assez bon effet, et cette distribution nous parut aussi élégante que commode.

Bercé par le roulement du tonnerre et le bruit du torrent, nous ne tardâmes pas à nous endormir; mais la fantaisie du sommeil nous ramena au mont Cervin. Nous escaladions sa cime ardue avec la facilité du rêve, et, ne trouvant pas de carte dans notre poche, pour souvenir de notre visite nous écrivions sur la roche, comme au bas d'un feuilleton, notre signature.

IV

DE SAINT-NICOLAS A VIESCH

L'orage de la nuit avait emporté les nuages, et le soleil brillait quand nous nous réveillâmes. Au bout de quelques minutes, toute la petite troupe était en selle et le départ s'opéra. Nous n'avons pas à décrire ce chemin déjà parcouru. Les différences que le changement de direction donnait au paysage, très sensibles à l'œil, ne pourraient se faire comprendre sans de minutieux détails, dont le lecteur se lasserait bien vite.

Cette fois, parmi nos guides, se trouvait une femme ; c'était elle qui tenait la bride de notre cheval et le soutenait aux passages difficiles. Notre vieille galanterie française souffrait de voir cette brave montagnarde marcher à pied auprès de notre bête, d'un pas alerte et ferme, sans faire le moindre effort pour régler son allure sur celle d'ailleurs assez pacifique de l'animal. Nous étions un peu humilié de voir en notre personne le sexe fort protégé par le sexe faible; mais la renvoyer, c'eût été lui faire perdre un gain sur lequel elle paraissait compter. Elle était intelligente, attentive, pleine de prudence, et s'acquittait de sa tâche à merveille. Nous nous résignâmes donc à cette bizarrerie d'avoir un guide femelle. Quoique nous ne sachions pas l'allemand, elle nous adressait souvent la parole en cette langue, et répondait, tout en marchant, d'un air de bonne humeur, aux plaisanteries des guides, parmi lesquels se trouvait son mari. En passant devant un village qu'on apercevait sur l'autre versant de la vallée, à une grande hauteur, accroché, on ne sait comment, à sa paroi presque verticale, et suspendu comme un nid d'oiseau, de grands éclats de rire s'élevèrent entre les guides, à une histoire que racontait l'un d'eux. Nous aurions bien voulu savoir la raison de cette hilarité, et comme entre ces bons Allemands il y en avait un qui écorchait un peu le français, il essaya de nous communiquer la chose : « Vous voyez bien là-haut ces chalets que, tout à l'heure, va recouvrir le nuage; eh bien, c'est le village où l'on ferre les poules. » Nous croyions n'avoir pas bien entendu, mais il répéta très distinctement sa phrase. C'était bien cela qu'il voulait dire, et cette idée le faisait rire d'une oreille à l'autre et sa poitrine se soulevait en éclats convulsifs. Quand il fut apaisé, il condescendit à nous expliquer sa plaisanterie. La place du village est tellement en pente que les poules ne peuvent pas la traverser sans glisser dans le précipice à moins d'être ferrées à glace comme les chevaux. Cette facétie d'un goût germanique le réjouissait beaucoup, et, en effet, l'exagération est assez drôle et peint bien la raideur de la pente, sur laquelle on ne conçoit point que les maisons ne glissent pas plus aisément encore que les poules au fond de l'abîme. Ce village nous fit penser à la ville d'Alhama, en Espagne, dont la place, formée par la cime d'un pic, est rayée de grandes stries creusées au ciseau pour retenir le pied des gens et des bêtes, qui sans cela rouleraient au bas de la montagne. Il semble, en traversant cette place, qu'on marche sur une énorme lime.

Nous trouvâmes au hameau de Stalden des caravanes de touristes qui montaient vers Zermatt, les uns à cheval ou à mulet, les autres à pied, et se rafraîchissaient au café de la grande rue ou plutôt de l'unique rue de l'endroit. Un peu plus loin, nous fîmes la rencontre d'une jeune dame, dont le teint pâle semblait accuser les langueurs d'une convalescence, qui voyageait en chaise à porteurs, accompagnée de sa famille. Cette chaise à porteurs est un fauteuil fixé entre deux brancards que soutiennent deux hommes au pas ferme et rythmique ; deux autres péons les suivent pour relayer. Ce doit être une assez douce manière de voyager, quoiqu'il soit peut-être pénible, dans nos modernes idées occidentales, d'être porté par nos semblables momentanément changés en bêtes de somme. Mais il ne faut pas être plus soucieux de la dignité des gens qu'ils ne le sont eux-mêmes, et d'ailleurs il n'y a rien d'humiliant à porter une jolie femme ; comme paquet, cela est plus agréable qu'une malle.

On repassa sur le pont de Neubruck, dont l'arche en dos d'âne fait un si joli effet pittoresque à ce point de la vallée, et bientôt Viège se découvrit à nos regards avec le clocher carré de son église, semblable au donjon d'une forteresse.

Comme nous voulions repartir aussitôt pour le glacier du Rhône, nous descendîmes à l'hôtel de la Poste, où se trouvent concentrés tous les moyens de locomotion. Après avoir déjeuné avec un appétit aiguisé par l'air de la montagne, nous nous mîmes en quête d'un voiturin. Sous la remise de l'hôtel, une certaine quantité de véhicules, calèches, chaises de poste, s'offrait à notre choix, qui se fixa sur une calèche très propre, très confortablement installée, qui paraissait à la fois solide et légère, chose importante en pays de montagnes ; elle était fraîchement vernie, et des filets rouges relevaient les raies de ses roues. Cette préférence suscita des jalousies et des querelles entre les autres conducteurs et notre cocher, qui leur répondait des injures en allemand, en italien et en français, selon leur langue. Cette dispute polyglotte nous amusait : un moment on fut près d'en venir aux mains ; mais notre cocher, quoique boiteux, grimpa lestement sur son siège, toucha ses bêtes, et le bruit des vociférations s'éteignit derrière nous, comme les aboiements de chiens lassés de poursuivre une voiture.

Nous longions le Rhône, coulant à travers la plaine assez large qui forme le fond de la vallée, et en peu de temps nous atteignîmes Brieg, petite ville à laquelle les boules et les pointes de fer-blanc étincelant au soleil qui hérissent ses toits donnent de loin l'apparence d'une ville moscovite ou orientale. Le château du baron de Stockalper, avec ses quatre tours surmontées de coupoles à forme bulbeuse qu'on dirait argentées, a l'air d'un petit Kremlin transporté en Suisse. La ville est riante et animée, à cette époque, par le passage des voyageurs qui se dirigent vers le Simplon pour descendre en Italie. Nous ne fîmes que la traverser après avoir pris un cheval de renfort ;

car la route, à partir de là, commence à monter sensiblement.

Il semble qu'un souffle méridional se fasse déjà sentir dans cette portion de pays; les pins s'y montrent avec leur écorce rougeâtre d'un ton vivace qui rappelle la chair, leurs branches plus courtes et d'un vert moins sombre, sous lesquelles le soleil pénètre aisément. Il suffit d'un végétal pour changer le caractère d'un paysage, et ces pins changeaient en Italie ce coin de Suisse.

Cependant nos chevaux avaient pris une allure plus lente, nous montions toujours, et la vallée s'approfondissait de plus en plus. La route, excellente d'ailleurs, suivait une rampe taillée en corniche dans le versant escarpé, et quand on regardait en contre-bas du côté extérieur, loin, bien loin à travers les arbres dont on dominait les cimes étagées, on voyait luire par place le Rhône engouffré. Souvent même le regard glissait, en essayant de se retenir à quelque détail, sur des pentes d'une inclinaison inquiétante. A ces moments-là, il est difficile de ne pas s'accrocher avec une sorte de contraction nerveuse au rebord de la calèche. Quelques palpitations de vertige vous battent aux tempes, et l'on ne peut s'empêcher de sonder l'abîme de l'œil comme poussé par une curiosité de peur. Si les chevaux s'emportaient ou s'abattaient, si une roue se détachait ou empiétait sur le vide à quelque passage étroit! quelle chute affreuse, comme on rebondirait hideusement fracassé, vivant peut-être encore, d'arbre en arbre, de roche en roche, pêle-mêle avec les débris de la voiture et les cadavres des chevaux, jusqu'à ce qu'on arrivât tout sanglant à cette noire profondeur où bouillonne le torrent, qui vous reprendrait et vous tordrait dans ses tourbillons! Ces pensées vous traversent l'esprit rapides comme l'éclair, surtout lorsque la route surplombe quelque précipice à pic dont rien ne vous sépare, pas même le plus mince parapet. Ces Suisses, montagnards de nature, semblent mépriser les garde-fous; ils n'en mettent nulle part, à peine à quelques tournants dangereux deux ou trois morceaux de bois croisés que le moindre choc emporterait. Mais bientôt un espace de deux ou trois pieds de terre entre vous et le précipice vous rassure et vous laisse admirer en paix la sublimité du paysage, qui devient de plus en plus solennel et grandiose.

Le Rhône se fraye son passage à travers ce gigantesque bloc de rocher comme une scie qui couperait une pierre. Ses eaux glissent à la façon d'une lame d'acier au fond de l'étroite et sombre coupure, et l'on sent combien de siècles de travail il a fallu au torrent qui plus tard sera le grand Rhône pour forcer cette barrière qui eût pu l'arrêter à sa naissance ou le faire rebrousser vers d'autres destinées.

Quelquefois la vallée s'élargit un peu, et, moins étranglée entre des parois verticales, laisse voir sur le bord du gouffre quelques carrés de prairies, quelques chalets parmi des bosquets de noyers et de châtaigniers; mais le Rhône, cherchant le niveau, creuse et fouille toujours, approfondissant son lit.

On a à sa gauche le grand glacier d'Aletsch, le Wischerhorn et son glacier, qui, de ce point, masquent en partie les escarpements intermédiaires, et à droite, un peu dans l'éloignement, le mont Ofen, le mont Thalli, le mont Lienin, qui forment de superbes dentelures. En ce moment, les nuages les enveloppaient à demi, car le temps se gâtait et des vapeurs commençaient à ramper sur les pentes dénudées et à baigner les noires forêts de sapins. Le soir venait brumeux et froid : un soir du Nord après une journée du Midi. Ce n'est pas qu'il fût tard encore, mais l'ombre s'amasse vite au fond des vallées, et les bancs de nuages, glissant les uns sur les autres, interceptaient la lumière. Bientôt ces fumées grisâtres s'effrangèrent et laissèrent flotter de longs fils, pareils aux hachures d'un dessin. De fines gouttes de pluie, pénétrantes comme des aiguilles, chassées par le vent, nous piquaient la figure; peu à peu elles s'élargirent, et une vraie averse se déclara, une averse de montagne : il pleuvait au-dessus de nous, à côté de nous et au-dessous de nous. Heureusement nous approchions de Viesch, et quoique notre intention fût de pousser jusqu'à Munster ce jour-là, notre petit conseil résolut de s'arrêter à l'auberge de ce village, qui n'avait pas mauvaise apparence. Cela allongeait un peu notre étape du lendemain ; mais rien n'est triste comme le brouillard et la pluie entre ces hautes parois tendues de rideaux noirs par la funèbre verdure des sapins, qui, mouillée, devient encore plus sombre. La nuit d'ailleurs est particulièrement sinistre dans ces lieux farouches et pleins de périls que l'imagination grandit.

Notre voiturin détela ses chevaux ruisselants, la calèche fut remisée, et nous, en attendant le dîner dans une grande chambre dont l'orage fouettait les vitres, nous regardions le village de Viesch, avec ses maisons et ses chalets, son clocher blanc à toit pointu, et nous écoutions, non sans un certain plaisir mélancolique, le tintement de la pluie. Un vers de notre première jeunesse, auquel, certes, nous n'avions pas pensé depuis plus de trente ans, nous revenait en mémoire comme le refrain d'un air oublié, et devant la fenêtre, nous répétions machinalement :

Moi, j'écoute le son de l'eau tombant dans l'eau !

V

DE VIESCH A HOSPITAL

Pendant la nuit, le ciel avait égoutté ses urnes et il ne pleuvait plus le matin. Nous voilà de nouveau partis, menés gaiement par notre voiturin, qui avait un prénom de femme et s'appelait Hélène Bartholomé : c'était un Niçois devenu Français, et d'un entrain méridional. Il lançait ses bêtes avec une sorte de fantasia, s'agitant, criant, gesticulant, leur adressant des injures ou des diminutifs caressants, comme un muletier espagnol, mais au fond manœuvrant sa voiture avec beaucoup de prudence dans les passages difficiles et très habile cocher ; il se montrait d'ailleurs bon prince pour les garçons d'écurie qui attachaient ou détachaient les chevaux de renfort, et, sobre lui-même, leur faisait verser de bonnes rasades de kirsch. A propos de kirsch, nous en achetâmes d'excellent d'une vieille femme, logée au bord de la route dans un chalet ressemblant à une boîte à cigares percée de deux trous, un pour la porte, l'autre pour la fenêtre.

La route, passant à travers des bois de sapins clairsemés, ne suivait plus le Rhône, qui roulait ses eaux au pied de l'autre versant de la vallée. Le paysage peu à peu se dépouillait de végétation ; des bois résineux, chétifs et rabougris, montraient seuls leur maigre silhouette ; à droite et à gauche, la terre apparaissait sur cette espèce de plateau dans sa nudité grandiose ; des nuages, d'une blancheur bizarre et comme argentée, qu'on aurait pu prendre pour des montagnes de neige dérivant dans le ciel, ou des banquises du pôle, flottaient dans l'azur froid. Quoiqu'on fût au milieu d'août, la température s'abaissait sensiblement, et le manteau, tout à l'heure incommode, devenait d'un bon secours. A cette hauteur balayée par les vents, peu de cultures réussissent ; à peine y vient-il à maturité un peu de seigle ou d'orge.

Nous ne parlerons que pour mémoire des villages ou plutôt des hameaux semés le long du chemin, tels que Niederwall, Blizigen, Selkigen, Rizigen, Gluringen, peuplés entre eux tous d'un millier d'habitants que menacent et qu'engloutissent parfois les avalanches très fréquentes en cette contrée, bordée de pentes neigeuses. Les observations qu'on peut faire sur des villages en passant devant eux en voiture, souvent à une certaine distance, ne peuvent naturellement pas être très approfondies. Mais il suffit d'un coup d'œil pour être frappé par l'étrange couleur des chalets qui les composent. Ils sont absolument noirs ; ce n'est pas qu'on les peigne de cette couleur, mais, à ce qu'on nous a dit, le soleil calcine les sucs résineux sortant du bois de mélèze dont ils sont bâtis et leur donne cette teinte funèbre, ce qui ne contribue pas à la gaieté du paysage, déjà très sévère par lui-même. Le soleil qui partout dore, là, noircit.

Munster est plus considérable. Ce village possède une église curieuse, précédée d'une espèce de porche ou narthex, où des décorateurs italiens ont peint des fresques d'un assez bon effet. L'intérieur de l'église, plein d'une ombre mystérieuse, porte les fidèles à la prière et les touristes à la rêverie. A la richesse d'ornement des chapelles on sent un pays de vive foi catholique. Les temples protestants, d'un gris froid, n'ont pas cette profusion amoureuse. On est surpris en ces contrées presque perdues dans la montagne de trouver des retables à sculptures, des autels tout dorés, des statues peintes. De nombreux pèlerins se rendent à cette église ainsi qu'à une petite chapelle très ornée, située sur le bord de la route.

On s'arrêta pour déjeuner et reposer les chevaux à l'hôtel de la Croix-d'Or, installé dans un beau chalet à la façon du pays, et non dans une vague copie d'hôtel des bords du Rhin. La pièce où l'on nous servit était toute boisée de mélèze d'un ton brun et fauve que Rembrandt eût volontiers donné pour fond à une de ses figures, qui reçoivent un soufflet de lumière sur une joue et un baiser d'ombre sur l'autre. Des ferrures ouvragées, des panneaux d'une complication curieuse décoraient la porte. Le plafond, assez bas, divisé par des poutrelles, se coupant à angle droit et formant des caissons, présentait au centre, dans un compartiment circulaire, une sorte de blason plus ornemental qu'héraldique, composé de deux étoiles *en chef* et d'une fleur *en pointe*. Il ne faudrait pas voir là une indication de noblesse : les bourgeois, les paysans même avaient des armoiries qui se transmettaient de père en fils comme une marque ou un cachet de famille. Une vaste armoire, montant jusqu'au plafond qui semblait s'appuyer sur elle, avait beaucoup de caractère et se liait à la maison comme bâtie avec elle. Les fenêtres, petites pour offrir moins de prise au vent, enchâssaient leurs vitres dans des losanges de plomb et envoyaient d'une façon pittoresque leur lumière transversale aux vaisselles et aux cristaux placés sur la table. C'était une de ces chambres bien enveloppées, bien closes, d'un ton chaud et doux, hospitalières, qui vous donnent le sentiment qu'il serait bon d'être là, l'hiver, près du poêle ronflant, à souffler la fumée d'un cigare dans les pages d'un livre, pendant que la neige étend ses couches de duvet sur le toit projeté en avant, et que la bise hurle et geint dehors comme un chien mis à la porte. Dans la montagne si rude à l'homme, si âpre, si farouche et qui semble le repousser de sa solitude comme un intrus, au milieu des précipices, des glaciers, des avalanches, des torrents, des rochers, des forêts incultes, où tout est péril, menace et fatigue, on est plus sensible au nid tiède et bien abrité qui vous accueille et vous protège.

On fait quelquefois en voyage ce rêve de rester à tout jamais en des endroits d'où l'ennui vous chasserait le lendemain. Heureusement le conducteur toujours pressé arrive et fait envoler votre rêve par ce mot : « En voiture ! »

Hélène Bartholomé se montrait sur le seuil de la porte et venait nous avertir que la calèche était prête. Il n'y avait pas de temps à perdre.

La vallée au delà de Munster rapproche ses versants et se resserre en gorge. Rien de plus sauvage et de plus désolé ; il faut toute l'énergie et toute la volonté de l'homme pour se frayer passage à travers tant d'obstacles. L'intention bien visible de la nature était de le bannir de ces solitudes où elle prépare ses mystères dans le laboratoire du chaos. Elle a multiplié les barrières, élevé des murs infranchissables, roulé d'immenses roches, ouvert l'écluse des torrents. Mais rien n'arrête cet être audacieux et chétif à qui s'intéressait le titan Prométhée. Il s'avance pas à pas, se faisant sa route avec les débris de la montagne ; le pic, la mine ont raison du granit. Il longe l'abîme sur une étroite corniche, il escalade les pentes par des lacets brisés vingt fois et repliés sur eux-mêmes, il jette au-dessus du gouffre où le torrent se dissout en écume, l'arche frêle d'un pont, il troue d'un tunnel le roc qu'il ne peut surmonter, et il arrive où il veut. Les voitures passent sur le front indigné de l'alpe, et les roues tracent leur ornière dans la neige qui croyait rester éternellement vierge.

En cet endroit de la vallée, il n'y a plus que d'énormes rochers aux talus abrupts, aux escarpements bizarres, aux brusques cassures, aux lézardes profondes, déjetés, effondrés, fendus, s'épaulant l'un contre l'autre, surplombant, arrêtés dans leur chute par des équilibres hasardeux, quelque chose comme les ruines d'une planète cassée en morceaux. D'autres fois, la paroi s'élève d'un bloc comme la muraille d'une forteresse de géants. Plus loin, à travers les ouvertures du rempart ont roulé sur les pentes des cascades de pierres aux bonds tumultueux. Les fragments de roche détachés du sommet de la montagne par les neiges, les pluies ou les infiltrations, se présentent dans un désordre de cataclysme, culbutés, bouleversés, hérissant leurs angles arides, blanchâtres, effroyables à l'œil comme l'effondrement d'un charnier antédiluvien. Le rêve croit y reconnaître vaguement les os de monstrueuses bêtes disparues. Dans tout cela nulle plante, nulle verdure, aucun signe de vie que çà et là quelques touffes pâles de genévrier : c'est le règne de la pierre et de l'eau sauvage. Le Rhône si près de sa source semble rouler de l'ardoise liquide ; mais que cette horreur est grandiose ! quelle solennité tragique ! quelle majesté terrible ! Comme la montagne vous écrase de sa disproportion gigantesque et comme on sent une terreur sacrée en passant au pied de ces masses immenses ! Involontairement on baisse la voix de peur d'éveiller le génie farouche du lieu et de lui apprendre qu'on est là ; si, dans sa mauvaise humeur, il allait secouer son manteau et vous en faire tomber comme une mie de pain ou bien encore vous écraser entre les plis de son front sourcilleux !

Dans cet anfractueux corridor de rochers, les vents s'engouffraient avec une incroyable furie, se heurtant aux angles, tourbillonnant aux détours, s'ameutant aux passages étranglés. Jamais nous n'avons entendu de bruit si étrange. C'étaient des cris irrités, des soupirs douloureux, des lamentations, des huées, des abois, des rugissements, des tonnerres sourds, des sifflets aigus, des rumeurs d'armures choquées, des retentissements et des soubresauts d'artillerie passant sur des ponts d'airain, des murmures de grandes eaux qui s'avancent, et parfois comme des protestations d'éléments surmenés et lassés de leur tâche ; par moments, on eût dit, aux glapissements et aux miaulements qu'on entendait, des combats d'éperviers et de chats-tigres, puis un silence se faisait comme si les deux adversaires se fussent entre-tués ; ce n'était plus qu'un râle et une palpitation d'aile mourante ; puis le sabbat recommençait. Un long éclat de rire, méchant, aigu, d'une strideur ironique comme celui de Méphistophélès ou comme la note aigre d'une clef forée qui insulte un chef-d'œuvre, partait d'une fissure de roc. Les mauvais esprits semblaient se réjouir dans cette désolation de la nature.

Cependant la vallée s'évasant, et n'offrant plus ses jeux d'orgue aux improvisations échevelées des vents, ce grand tumulte s'apaisa.

A peu près vers cette hauteur, on traverse un pont sous l'arche duquel le Rhône se précipite au fond d'une gigantesque déchirure de rochers aux cassures bizarres qui semblent avoir été faites par le marteau de quelque Titan géologue. Sur cette arche d'un jet hardi s'appuie un second pont percé d'arcades à plein cintre qui rejoint les rives et met de niveau les deux bouts de la route. Quand du garde-fou l'on se penche et l'on regarde la cascade, on est ébloui de l'incroyable vitesse de l'eau qui fuit comme la flèche dans une fumée d'écume avec des sifflements et des tonnerres. Il vous semble que cette chute vous attire, vous entraîne et vous emporte comme une paille au vent de son tourbillon. Ce qui étonne, quoique bien naturel, c'est cette vague toujours remplacée par une vague, ce flot que pousse un autre flot, cette continuité torrentueuse et vertigineuse. Cela nous faisait penser à ce livre d'Edgar Poë, les *Aventures d'Arthur Gordon Pym*, où les explorateurs du pôle austral trouvent de l'eau qui se sépare et se dévide comme les fils d'inépuisables bobines.

Nous approchions du glacier où le Rhône prend sa source. Le grand fleuve que nous avons vu s'épancher dans l'azur de la Méditerranée par un delta d'embouchures et dont nous connaissons presque tout le cours, est là bien petit et bien jeune encore ; mais c'est un enfant gâté, un mauvais garçon qui se débat, trépigne, hurle et montre déjà l'impétuosité de son caractère. Il est tout sale et barbouillé, car il ne s'est pas lavé la figure dans cette belle cuvette du Léman, où il se décrasse de son limon. Il s'échappe parmi les pierrailles roulant presque autant de terre et de cailloux que de flots et emmène souvent ses rives avec lui. Tout ce fond est marécageux l'été, et l'hiver les lavanges y descendent des montagnes voisines recouvrant quelquefois à demi le village d'Obergestein.

Le glacier se découvrit bientôt dans toute sa magnificence ; mais n'anticipons pas sur les descriptions que nous devons en faire et entrons, pour nous réchauffer, dans l'hôtel situé au pied de la montagne, un vaste et bel hôtel, caravansérail des touristes, au milieu de ce désert de glace. On nous servit du thé bien chaud, près d'un poêle allumé, dont les bouches soufflaient une tiède haleine, plus agréable que la bise coupante de la vallée. C'est une sensation rare que de se chauffer avec plaisir au milieu du mois d'août.

A quelques pas de l'auberge, le glacier du Rhône, qui ferme le fond de la vallée, se dresse comme un immense mur de cristal. Aucun glacier ne cause cette impression. L'œil le saisit d'un coup et l'embrasse de la base au sommet. Il s'épanche entre deux montagnes, les Galenstock et le Grimsel, mais d'un seul jet. Figurez-vous une chute du Niagara figée. Le fleuve de glace qui prend sa source cinq ou six lieues plus loin, sur les cimes éternellement neigeuses, descend jusqu'au déversoir de granit et tombe tout d'un morceau comme une nappe de verre. En bas, les blocs qui se rebroussent et se brisent en éclats simulent à s'y méprendre les bouillonnements et les rejaillissements de l'écume. Puis le fleuve gelé, après ce tumulte de remous et de tourbillons immobiles, s'étale dans le cirque creusé au pied des montagnes, et les stries des glaces lui donnent l'apparence d'une eau qui ondule et remue; mais tout à coup le fleuve s'arrête, laissant voir par la tranche ses blocs d'une transparence bleuâtre. Dans cette tranche s'ouvre une espèce de grotte d'azur qui rappelle la source de l'Arveiron. Le Rhône en jaillit trouble et terreux et se met aussitôt à courir à travers les débris des moraines dans une sorte de bas-fond marécageux. Est-ce là bien véritablement la source du Rhône? M. de Saussure la voyait dans trois torrents tombant de plus haut et qui passent sous le glacier d'où ils ressortent mêlés ensemble avec le nom du fleuve.

L'extrême déclivité du glacier qui lui donne l'air d'une cascade a cet avantage d'empêcher les terres et les poussières flottantes d'y séjourner. Aussi est-il d'une couleur bien plus pure que la Mer de glace au Montanvert. Les blocs ont gardé leur blancheur et n'offrent pas ces froides teintes d'un gris verdâtre qui salissent ordinairement les glaciers.

Du petit pont de bois d'où nous contemplions ce spectacle merveilleux, nous voyions des touristes se suivant par files et précédés de leurs guides traverser la partie plane du glacier. Ces petites quilles noires à peine perceptibles nous servaient d'échelle de proportion et nous démontraient l'énormité de ces blocs de glace et de roche. On perd aisément dans les montagnes le sentiment des grandeurs réelles et surtout des distances.

On vint nous appeler pour monter en voiture. Notre voiturin avait bien fait les choses : nous allions escalader le glacier du Rhône à quatre chevaux. La route, taillée dans les flancs du Galenstock, où elle trace d'innombrables lacets, vient à plusieurs reprises toucher presque le bord du glacier sur lequel on plonge comme d'un balcon de théâtre. On voit les crevasses de ses flancs, l'entassement singulier de ses blocs, les cavernes d'un bleu vert qui s'y creusent, l'on apprécie tous les détails de cette énorme masse que voilait le lointain de la perspective. La ligne de la chute se dessinait sur le ciel avec une netteté étincelante ; mais si d'en bas elle paraissait horizontalement unie, de près elle se hérissait d'aiguilles et de cristaux aux déchiquetures bizarres, qu'un rayon de soleil faisait briller comme des pierres précieuses : c'était superbe, au delà de tout rêve et de toute description.

Pendant que nous montions cette rampe tant de fois reployée sur elle-même, nous eûmes cette sensation d'escalade inutile que donne la célèbre eau-forte de Piranèse, où l'on voit dans des architures pareilles à celles que bâtit le cauchemar un malheureux qui gravit des escaliers fantastiques dont les paliers se déplacent et se représentent toujours sous ses pieds. Il monte désespérément et finit par n'être plus qu'un point à peine perceptible. Il disparaît enfin hors du cadre, mais l'on sent que son ascension continue. Une voiture partie avant nous représentait, dans cette circonstance, l'opiniâtre grimpeur de Piranèse. Nous la voyions cheminer lentement sur la rampe supérieure, puis elle disparaissait dans un tournant. Au bout de quelque temps, plus haut, sur la pente d'un autre lacet, elle recommençait son évolution et ainsi de suite à l'infini. Sans doute nous faisions le même chemin, mais elle le rendait sensible à nos yeux par une image frappante. Enfin nous la perdîmes de vue. Elle venait d'atteindre le col de la Furka et descendait l'autre versant de la montagne.

Il est bien entendu que cette route, parfaitement entretenue d'ailleurs, n'a pas le moindre garde-fou, mais seulement de petites bornes largement espacées et incapables de retenir une voiture. Cependant les accidents sont très rares.

Vers le sommet de la montée, à droite, s'ouvre une perspective sur une haute vallée neigeuse creusée en bassin entre les cimes, d'où ruissellent des filets blancs, comme si les mamelles de la montagne faisaient jaillir leur lait.

Par un de ces contrastes si fréquents dans les Alpes, sur la pente que nous gravissions entre les neiges et les glaciers, parmi une nappe de gazon vert, s'épanouissaient des fleurettes nées d'un rayon de soleil égaré par là ; — ici les fleurs du printemps, là les frimas de l'hiver.

Nos chevaux, excités par le cocher et le garçon d'écurie (en Espagne nous eussions dit le *zagal*) qui les précédait à pied, atteignirent enfin le plateau suprême, qu'on appelle le col de la Furka. C'est un passage étroit, que bornent d'un côté un roc contre lequel s'adosse une petite auberge où l'on abandonne les chevaux de renfort et où l'on trouverait au besoin un lit si le temps était trop mauvais, et de l'autre côté la profondeur d'un précipice insondable au regard.

Un effet des plus étranges nous attendait au col de la Furka. Le temps sur l'autre revers de la montagne était clair et sans nuages; mais il n'en était pas ainsi sur le versant opposé.

Une vapeur légère, transparente d'abord comme une gaze, mais qui bientôt s'épaissit, ne laissait apercevoir la profondeur de l'abîme que comme à travers un rêve. Rien de plus singulier que ce gouffre blanc, laiteux, opalin, qui ressemblait à l'infini sans forme et sans couleur.

La vapeur écumait mollement sur le bord de la route, qu'elle n'envahissait pas, comme une mer aérienne poussée par une brise silencieuse. Les chevaux galopant sur la pente rapide avaient l'air de fuir devant la marée montante, et toujours l'océan de brume, pareil à la mer d'Amrita des théogonies indiennes, poussait ses blancs flocons qui moutonnaient contre le rebord du chemin.

Il nous semblait suivre au flanc d'un pic sortant du fond de l'abîme et se prolongeant jusqu'au ciel une étroite corniche suspendue sur l'infini, au-dessus des ténèbres blanches et du vaporeux non-être, comme si nous voyagions à travers ces limbes où reposent dans des enveloppes de brumes les chrysalides mystérieuses des formes qui ne sont pas encore et qui attendent leur éclosion. Tel devait être en dehors du temps et de l'espace le lieu innommé où Faust va trouver les Mères.

A force de descendre, nous sortîmes de cette fumée trop légère pour ramper dans le creux des vallées, et au bout d'une heure, après avoir traversé un village dont le nom nous échappe, et qui a une auberge desservie par des capucins, nous arrivâmes à Hospital, que les Allemands appellent Auspinsthall, très satisfaits, mais un peu las, de notre journée. Nous avions une courbature d'admiration !

1868.

FIN

TABLE

	Pages
LES VOSGES.	1
I. D'Épinal à Plombières par la vallée de Tendon.	3
II. Plombières et ses environs.	16
III. De Remiremont au col de Schlucht.	33
IV. De Retournemer à Saint-Dié.	39
VUES DE SAVOIE ET DE SUISSE.	49
LA FÊTE DES VIGNERONS A VEVEY.	61
UNE VISITE DANS LA MONTAGNE.	89
VOYAGE D'EXPLORATION SUR LA MEUSE PAR LE CHALAND LA *BEAUTÉ*.	101
LE MONT BLANC.	141
LE MONT CERVIN.	241
I. De Bex à Viège.	243
II. De Viège au Riffelhorn.	257
III. Le mont Cervin.	274
IV. De Saint-Nicolas à Viesch.	290
V. De Viesch à Hospital.	299

Paris. — Imp. Vve P. LAROUSSE et Cie, rue Montparnasse, 19.

www.ingramcontent.com/pod-product-compliance
Lightning Source LLC
Chambersburg PA
CBHW070629160426
43194CB00009B/1409